THE HISTORY 한국사 인물 9
백범 김구

THE HISTORY 한국사 인물 9
백범 김구

펴낸날 2023년 10월 30일 1판 1쇄
펴낸이 강진균
글 이영준
그림 홍우리
편집·디자인 편집부
마케팅 변상섭
제작 강현배
펴낸곳 삼성당
주소 서울시 강남구 선릉로 747 삼성당빌딩 9층
대표 전화 (02)3443-2681 **팩스** (02)3443-2683
출판등록 1968년 10월 1일 제2-187호
ISBN 978-89-14-02111-3 (73990)

본 저작물은 저작권법에 따라 보호를 받는 책이므로 무단 전재와 무단 복제를 금합니다.
※ 파본은 바꾸어 드립니다.

THE HISTORY 한국사 인물 9

백범 김구

차례

곰보딱지 아이……………………………… 11

동학교도가 되다 ………………………… 35

죽음에서 돌아오다 ……………………… 57

임시정부 경무국장 ……………………… 80

이봉창과 윤봉길 ·············· 103

백범 김구의 생애 ·············· 122

백범 김구 ·············· 123

곰보딱지 아이

  황해도 해주 땅.
  해주는 예로부터 경치도 좋고 인심이 좋아 사람 살기에 좋은 고장으로 알려져 있다.
  김구는 해주에서 서쪽으로 80리쯤 떨어진 백운방 텃골이라는 마을에서 태어났다.
  "응애, 응애……."
  1876년 8월 29일, 팔봉산 기슭의 한 초가집에서 아기 울음소리가 들렸다.

바로 민족 지도자로 성장할 김구 선생이 태어난 것이다.

아버지 김순영의 나이는 스물일곱 살이었고, 어머니 곽낙원은 열일곱 살이었다.

김구의 어릴 적 이름은 창암이었다.

창암의 집은 마을에서 조금 떨어진 산길 모퉁이에 자리 잡고 있었다.

어느 날, 먹을 것이 부족해서 젖도 제대로 나오지 않는 어머니의 빈 젖을 빨던 창암이 숨이 넘어갈 듯 울어 댔다.

아버지는 한없이 울어 대는 아이가 걱정스러웠다.

"여보, 이러다가는 아기가 배가 고파 병이 나겠소. 동냥젖이라도 얻어 먹여야겠소."

아버지는 창암을 안고 동네를 돌며 동냥젖을 얻어 먹였다. 동냥젖으로도 안 될 때에는 미음을 끓여 먹이기도 하였다.

이러는 사이에 창암은 어느새 세 살이 되었다. 세 살이 되자 창암은 밥도 먹을 수 있을 만큼 튼튼하게 자랐다.

그러나 그때, 창암은 또 한 번 죽을 고비를 맞았다. 당시에는 마마라고 하는 병이 유행하고 있었다. 마마는 사망률이 매우 높은 병으로 천연두*라고도 불렀으며 간신히 살아난다고 해도 얼굴에 우묵우묵한 흉터가 생기는 병이었다.

창암이 이 무서운 병에 걸려 앓기 시작한 것이다.

그 당시에는 특별한 치료법이 없었기 때문에 천연두에 걸리면 목숨을 하늘에 맡기고 기다리는 수밖에 없었다.

창암은 용하게도 그 병과 싸워 이겨 냈다. 그러나 그의 얼굴에는 곰보 자국이 생기고 말았다.

그 후 창암이네는 강령 바닷가로 잠시 이사를 갔다. 마을 아이들은 창암의 곰보 얼굴을 보고 놀려 댔다.

"곰보딱지! 곰보딱지!"

창암은 처음에는 꾹 참았다. 그러나 마을 아이들이 떼를

천연두

천연두 바이러스가 일으키는 급성 전염병으로, 마마라고도 한다. 열이 몹시 나고 오슬오슬 떨리며 온몸에 발진이 생겨 딱지가 저절로 떨어지기 전에 긁으면 흉터가 생기게 된다. 전염력이 매우 강하며 사망률도 높으나, 최근 연구용으로만 그 존재가 남아 있다.

우리나라 최초로 천연두를 예방하는 우두법을 도입한 지석영 선생

지어 따라다니며 놀려 대자 더 이상 참을 수가 없었다.

"너희들, 정말 이럴 거야?"

"어, 곰보딱지가 까분다."

몸집이 큰 아이가 창암을 노려보다가 힘껏 머리를 쥐어박았다.

그러자 창암도 지지 않고 대들었다. 그러자 동네 아이들이 모두 한 패가 되어 창암에게 덤벼들었다. 화가 머리끝까지 난 창암은 집으로 뛰어갔다.

"이놈들!"

창암은 부엌칼을 들고 뛰어나왔다.

"저 곰보딱지 봐라. 쪼그마한 게 부엌칼을 들고 왔어!"

덩치 큰 아이들은 창암의 부엌칼을 빼앗은 다음 또 때리기 시작했다. 창암은 실컷 두들겨 맞기만 하다가 집으로 돌아왔다.

그때 아버지가 돌아왔다.

눈물로 범벅이 된 얼굴에 씩씩거리고 있는 창암의 행색을 보고 아버지가 그 이유를 물었다.

창암은 방금 일어났던 일들을 사실대로 다 이야기했다. 그랬더니 아버지는 오히려 창암을 크게 꾸짖었다.

"비겁하게 칼을 가지고 싸우다니……. 또 한번 그런 짓을 했다가는 혼날 줄 알아라."

창암은 억울했지만, 아버지에게 용서를 빌었다.

창암의 아버지 김순영은 성격이 호탕하였지만 옳지 못한 일을 보면 참지 못하는 사람이었다. 창암을 나무란 것은 장차 사소한 것에 마음을 빼앗기지 않도록 하기 위해서였다.

창암도 역시 아버지의 성격을 닮아 옳지 못한 일을 보면 참지 못하였다.

이처럼 불같은 성격을 가진 개구쟁이 창암에 대한 소문이 온 동네에 자자했다.

어느 날, 창암이 혼자서 집을 보고 있을 때였다. 밖에서 엿장수가 가위 소리를 쩔렁쩔렁 내며 외치는 소리가 들려왔다.

"엿 사시오!"

"엿이라고? 군침이 도는데……. 뭘로 엿이랑 바꿔 먹지?

옳지, 아버지 숟가락을 가져가자."

창암은 부엌으로 들어가 아버지가 쓰는 놋쇠 숟가락을 들고 밖으로 뛰어나갔다.

"아저씨, 엿 주세요."

"옜다!"

창암이 숟가락을 주고 바꾼 엿을 맛있게 먹고 있을 때였다.

"창암아!"

"앗! 아버지……."

"너, 그 엿 어디서 났느냐?"

"사실은……. 아버지께서 쓰시는 숟가락을 주고 바꿨어요."

아버지는 창암이 손에 쥐고 있는 엿을 물끄러미 바라보다가 입을 열었다.

"이 녀석아, 엿이 먹고 싶으면 사 달라고 할 것이지. 아버지가 쓰는 숟가락으로 엿을 바꿔 먹으면 어떡하느냐. 다시는 그런 짓 하지 마라."

아버지는 그나마 아들이 거짓말을 하지 않고 바른대로

말한 것이 기특하여 너그러이 용서해 주었다.

그러던 어느 날, 창암이 이번에는 떡을 먹고 싶었다.

"떡을 먹고 싶은데, 어디에 돈을 두었을까?"

창암은 아버지가 감춰 둔 돈을 겨우 찾아냈다.

창암이 엽전*이 든 주머니를 들고 나설 때였다. 마침 집안 어른 한 분과 마주쳤다.

"이 녀석아, 어딜 그렇게 바삐 가느냐?"

"예! 떡을 사 먹으려고 가는 길입니다."

창암은 솔직하게 대답했다.

"아버지가 돈을 주시더냐?"

"…… 네!"

창암은 엉겁결에 '네'하고 대답했지만 속으로는 움찔했

엽전

고려·조선 시대의 쇠를 녹여 만든 돈. 둥글고 납작하며 가운데 네모난 구멍이 나 있다. 표면에는 액면가와 화폐 명칭이 찍혀 있다. 재료에 따라 동전·철전·석전 등으로 나뉘며 주조된 시기·시간에 따라 크기나 무게 등에 차이가 있어 각 엽전의 이름이 달랐다.

조선 시대 화폐인 상평통보와 당백전

다. 아버지에게 야단맞을 짓을 하고 있다는 것을 스스로 깨달은 것이다.

'안 되겠다!'

이렇게 생각한 창암은 발길을 돌려 집으로 돌아왔다.

그런데 집으로 돌아왔을 때였다. 아버지는 돈주머니를 찾느라 온 집 안을 헤매고 있었다.

"아버지!"

창암은 돈주머니를 쑥 내밀었다.

"아니, 이게 어떻게 된 일이냐?"

"아버지, 죄송합니다. 떡을 먹고 싶어서 그만……."

"이 녀석아, 먹고 싶은 게 있으면 이야기하라고 일렀지. 그래 돈주머니를 몰래 가지고 나가? 지난번에는 용서해 주었지만, 오늘은 절대로 용서할 수가 없다. 당장 회초리 가지고 오너라."

아버지가 엄명을 내렸다.

창암은 회초리를 찾아와서 아버지에게 건네주었다.

"종아리를 걷어라!"

아버지는 회초리로 창암의 종아리를 찰싹찰싹 때렸다. 창암은 울면서 용서를 빌었으나 아버지는 매질을 멈출 줄 몰랐다.

그때였다. 한 집안 어른이 창암의 울음소리를 듣고 다가왔다.

"여보게, 그만하면 정신을 차렸겠지. 이제 회초리를 거두게."

"이 녀석이 장차 뭐가 되려는 건지 원……."

아버지는 힘없이 회초리를 내려놓았다.

"앞으로 또 이런 짓을 하겠느냐?"

"아닙니다. 절대로 하지 않겠습니다."

아버지에게 따끔한 맛을 보고 난 뒤부터 창암은 차츰 개구쟁이 짓을 하지 않게 되었다.

창암이 열 살이 되던 해였다.

어느 날 창암은 아버지에게 말했다.

"아버지, 저도 공부를 열심히 해서 양반이 되고 싶습니다."

"양반?"

"네."

"넌 양반이 부럽냐?"

"네, 꼭 지체 높은 양반이 되고 싶습니다."

"창암아, 양반이 되는 게 중요한 것이 아니라 훌륭한 사람이 되어서 가난하고 약한 사람들을 보살펴 주는 것이 더욱 중요하단다."

창암은 이때 이미 한글을 익혔기 때문에 이야기책 정도는 읽을 수 있었다.

"아버지, 저도 글방에 보내 주세요."

아버지는 공부를 하겠다는 창암을 기특하게 여겼다. 그러나 상민 신분으로 공부를 한다는 것은 그리 쉬운 일이 아니었다. 더구나 창암이네 마을에는 서당이 없었다. 서당에 가려면 이웃 양반 마을로 가야 하는데 창암을 받아 줄 리가 없었다.

아버지는 이 궁리 저 궁리 끝에 머릿속에 한 가지 방법을 떠올렸다.

그때 마침 이웃 마을에 이 생원이라는 사람이 살고 있었다. 이 생원은 양반이었지만 실력이 부족하여 양반 서당에서는 그를 써 주지 않았다.

아버지는 그 이 생원을 데리고 서당을 차리기로 결심한 것이다. 서당은 창암이네 사랑에 꾸몄다.

곧 이 생원은 식사도 아예 창암이네 집에서 하면서 지낼 정도였다.

창암은 낮에는 공부를 하고 저녁에는 방아를 찧는 부모님을 도우면서 틈틈이 낮에 공부한 것을 외우기도 했다.

"하늘 천 따 지, 검을 현 누르 황……."

그러나 글을 배우려는 아이들이 점점 늘어나면서 더 이상 아이들을 받아들일 수 없는 상황에까지 이르렀다.

"아무래도 서당을 넓은 곳으로 옮겨야겠습니다. 어떻게 했으면 좋겠습니까?"

이 생원이 창암의 아버지에게 말했다.

"그렇다면 신존위라는 사람의 집이 좋겠습니다. 그 집의 방이 여기보다 넓으니까요. 제가 이야기해 보겠습니다."

며칠 후, 창암은 도시락을 싸들고 고개를 넘어 새로운 서

당에 다니기 시작했다.

"창암의 실력이 날로 늘고 있구나. 열심히 노력하거라."

새 서당의 집주인인 신존위는 이 생원이 자기 아들보다 창암을 더 귀여워해 주자 이를 못마땅하게 생각했다.

그래서 이 생원을 집에서 쫓아내고 말았다.

이 생원이 떠나자 창암은 며칠 동안 밥도 잘 먹지 않았다. 창암이 태어나서 처음 겪는 이별의 슬픔이었다.

신존위는 새로운 선생님을 모셔다가 계속 공부를 가르쳤다. 그러나 창암은 공부를 계속할 수 없는 처지가 되고 말았다. 왜냐하면 아버지가 갑자기 중풍으로 쓰러져 몸져눕게 되었기 때문이다.

그러자 창암의 집안 살림은 날로 어렵게 되었다. 심지어 끼니를 이을 수조차 없게 되었다.

창암은 아버지 대신 집안일을 돌보지 않으면 안 되었다.

어머니는 아버지를 지극 정성으로 간호했다. 그 덕분에 아버지의 건강은 하루가 다르게 좋아졌고, 얼마 후 건강을 되찾게 되었다.

집안 형편도 차츰 나아졌다. 그러나 겨우 하루 세 끼를 이을 정도였다. 그래서 창암은 글공부를 계속하고 싶다는 말을 차마 할 수가 없었다.

이를 눈치챈 아버지가 창암을 불렀다.

"창암아, 글공부를 다시 하고 싶으냐?"

"예, 다시 하고 싶습니다. 하지만……."

집안 살림이 어려운데 어떻게 할 수 있겠느냐는 뜻이었다.

"그런 걱정은 마라. 그런데 글공부를 계속한다면 어떤 공부를 하고 싶으냐?"

"『자치통감』과 『삼략』을 공부하고 싶습니다."

창암은 역사와 병서를 구하여 공부하고 싶다고 말했다. 그러나 그 책들을 사줄 형편이 안 되는 아버지의 낯빛은 점점 어두워졌다.

"창암아, 그런 글을 배우려면 이름난 선생님 밑에서 해야 하는데, 우리 집 형편으로는 어렵겠구나. 그만큼 했으면 너도 이제 편지를 쓸 수 있고, 축문*이나 영수증 같은 것도 쓸 수 있으니 생활에는 불편이 없지 않으냐?"

창암은 아버지의 말을 듣고 나서 더 이상 고집을 부릴 수도 없었다. 창암은 아버지의 말을 듣고 나서 비로소 글공부를 그만두어야겠다고 생각했다.

하지만 그 이듬해, 창암은 학골이라는 마을에 이름 높은 선비가 있는데, 그 선비에게 글공부를 하려고 사람들이 몰려온다는 이야기를 들었다. 창암은 그 소문을 듣고 가슴이 뛰었다.

'나도 학골에서 글공부를 했으면…….'

학골이란 마을은 텃골에서 십 리 정도 떨어진 곳이라 그리 멀지 않았다.

어느 날 창암은 학골 마을의 서당에 찾아갔다.

그 서당에는 정문재라는 사람이 가르치고 있었다.

축문

제례나 상례 때 제사의 대상에게 읽어 고하는 글. 형식화된 것은 중국 주자의 가례가 나온 뒤이며, 한국에 수용된 시기는 고려 말쯤이다. 축문은 제사를 마친 뒤 불사르거나, 보관하였다가 다음 해 다시 쓰기도 한다.

조선 시대 역대 왕과 왕비, 공신들에게 제례를 올리는 종묘 제례 때의 광경

"넌 누구이며, 무슨 일로 찾아왔느냐?"

"예, 저는 텃골에 사는 김창암이라고 합니다. 선생님, 저도 이 서당에서 공부를 하고 싶습니다만……. 집안 형편이 어려워서 도저히……."

"음……. 그런 딱한 사정이 있었구나. 그럼, 너에게는 월사금을 받지 않을 테니 그냥 와서 공부하도록 해라."

"예? 그게 정말입니까?"

"그래. 월사금 걱정은 말고 공부에만 열중하도록 하여라."

창암은 그날부터 하루도 거르지 않고 서당에 찾아가 열심히 공부했다. 창암은 거기서 당나라 시와 『대학』을 배웠다.

정문재 선생은 창암의 글재주가 뛰어난 것을 보고 물었다.

"과거를 볼 생각은 없느냐?"

"과거를 말입니까?"

"그래. 너만 좋다면……."

"보고 싶습니다."

이리하여 창암은 과거 시험 준비를 하게 되었다.

창암이 열여섯 살 되던 1892년이었다. 그해 해주에서 경과 시험이 열리기로 되어 있었다.

경과는 나라에 경사가 있을 때 임시로 여는 과거였다. 그해가 임진년이었기 때문에 임진 경과라고도 했다. 그런데 이 과거는 우리나라에서 실시하던 과거 중 마지막 과거였다. 왜냐하면 그 후에는 일본에 나라를 빼앗겼기 때문이다.

창암은 과거를 보기로 결심하자 더욱 열심히 공부했다. 그러나 그 당시 과거 시험은 권세 있고 돈 있는 자제들을 뽑기 위한 엉터리 시험에 불과했다. 창암은 실망을 금치 못했다.

'세상이 어지러워졌다는 말은 자주 들었지만 이렇게까지 썩었을 줄은 미처 몰랐다.'

창암은 그런 부정한 과거 시험은 보고 싶지 않았다. 그래서 과거 시험장에서 빠져나와 그냥 집으로 돌아오고 말았다.

'글공부만 잘하면 출세할 줄 알았더니 그것도 아니구나!'

창암은 그렇게 한탄하며 집으로 돌아와, 새로운 마음가짐을 갖고 공부하기로 마음먹었다. 그 후 창암은 여러 가지

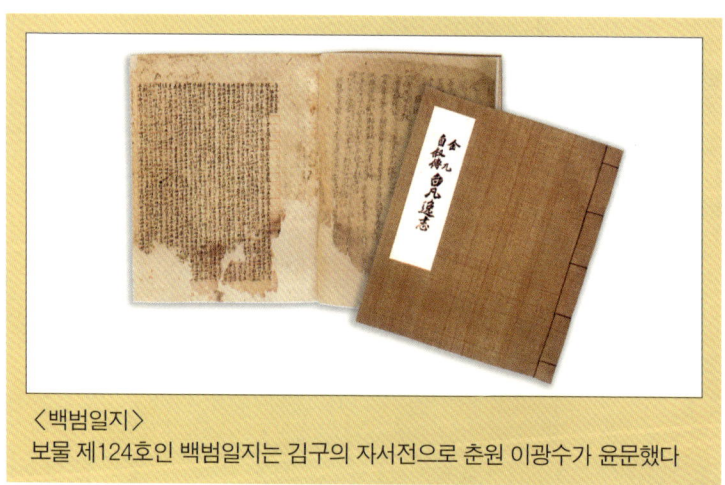

〈백범일지〉
보물 제124호인 백범일지는 김구의 자서전으로 춘원 이광수가 윤문했다

병서를 구해 읽기 시작했다. 병서란 군사에 관한 책이었다.

 어느 날, 책을 읽고 있는데 자신의 마음에 쏙 드는 글귀를 하나 발견했다.

 태산이 무너져도 함부로 마음을 움직이지 말 것이며 군졸과 같이 고생하고 기쁨을 나누어야 한다. 나아가고 물러서는 것을 범같이 할 것이며 먼저 남을 알고 그리고 나를 알면 백전백승할 수 있느니라.

이 글귀는 창암의 마음을 크게 움직였다. 그 후 그는 마음속으로 가난하고 약한 사람들과 나라를 위해 큰일을 할 수 있는 훌륭한 사람이 되어야겠다고 굳게 다짐했다.

역사 속으로

조선 시대의 교육과 과거 제도

조선 시대의 관리는 주로 과거 시험을 통해 선발되었으므로 교육 기관은 관리 양성 기능을 수행하는 곳이 되었다. 교육은 양인 이상이면 누구나 받을 수 있었으나, 실제로는 양반의 자제를 대상으로 이루어졌다.

서당에서는 초보적인 유학 지식과 한문을 가르쳤다. 그리고 한양의 4부 학당과 지방의 군·현에 설치된 향교에서는 소학과 사서 등 유학 경전을 가르쳤다. 성균관은 조선 시대 최고의 국립 교육 기관으로서, 소과에 합격한 생원과 진사를 입학시켜 높은 수준의 유학 교육을 실시하였다. 그리고 사역원(통역), 형조(법학), 전의감(의학), 관상감(천문·역법·음양술) 등의 관서에서는 해당 기술학을 교육하였다.

조선 시대의 과거는 문과와 무과, 잡과가 있었으며, 일정 신분 이상이 되어야만 응시할 수 있었다. 따라서 천인이나 서얼, 상·공업 종사자는 과거에 응시할 수 없었다. 문과는 문관을 선발하

는 시험이었고, 무과는 무관, 잡과는 기술관을 선발하는 시험으로 계열별로 응시하도록 제도화되어 있었다.

　문과의 경우 다시 소과와 대과로 나눌 수 있는데, 소과는 일종의 자격시험과도 같은 것으로 한양의 4부 학당이나 지방의 향교 학생들이 주로 응시했으며, 경학을 시험하는 생원과와 제술을 시험하는 진사과로 나뉘었다. 합격한 사람들에게는 성균관에 입학할 수 있는 자격이 주어졌으며, 이들은 대과인 문과에 응시하였다. 보통, 문과라 하면 이 대과를 가리키는 말로써 33명 정도 선발하는 것이 원칙이었다.

　무과의 응시 자격은 법제상으로는 천민이 아닌 양인이면 응시할 수 있었으나 주로 양반 자제들이 어려운 문과를 피하여 무과를 보는 경우가 많았다. 통상 식년시에는 28명 정도 선발하였다.

　잡과는 특정 분야의 기술관을 선발하기 위해 만들어졌는데, 역과・율과・의과・음양과 등 네 분야가 있으며, 중인이 주로 많이 응시하였다.

조선 시대 유교 교육을 맡아 보던 최고 국립 교육 기관인 성균관

 과거는 3년마다 정기적으로 시행되는 식년시와 그 밖에 국가에 경사가 있을 때마다 부정기적으로 치르는 증광시, 별시, 알성시(임금이 문묘에 참배한 뒤 실시하던 과거 시험) 등이 있었다. 이 부정기 시험을 통틀어 별시라고도 한다. 그런데 과거에 합격한 사람이라도 관직에 바로 진출하는 것은 아니었다. 문과의 경우 삼관(예문관, 성균관, 교서관), 무과의 경우 훈련원, 별시위 등에 소속되어 임시직으로 업무를 익히도록 했는데, 이를 분관이라 하였고, 일정 기간 수습이 끝나면 정식 관료로 채용되었다.

동학 교도가 되다

 창암이 양반이 되겠다는 꿈을 버리고 책 읽기를 하고 있을 무렵 우리나라에는 동학*이라는 종교가 널리 퍼져 있었다.
 동학에 대해서는 여러 가지 소문이 떠돌아다녔다. 동학을 믿으면 하늘을 날아다닐 수 있다더라, 물 위를 걸어 다닐 수도 있다더라 하는 것들이 그것이다.
 무엇이든 새로운 것을 알고 싶어 하는 창암은 동학에 관심을 보이기 시작했다. 그때 창암의 나이 열일곱 살이었다.

어느 날 창암은 잿골에 살고 있는 오응선이라는 사람을 찾아갔다. 오응선은 창암을 반갑게 맞아 주었다.

사랑방으로 안내받은 창암이 큰절을 하자 오응선도 맞절을 했다.

"저는 텃골에 사는 김창암이라 합니다. 그리고 상놈입니다."

"동학에는 양반과 상놈이 따로 없습니다. 양반도 상놈도 모두 다 평등합니다."

"그게 정말입니까?"

모두가 평등하다는 말을 들은 창암은 마치 새 세상에 온 것 같은 생각이 들었다.

"저는 동학을 알고 싶어서 찾아왔습니다."

창암이 이렇게 말하자 오응선은 차분하게 동학에 대해

동학

19세기 중엽에 탐관오리의 수탈과 외세의 침입에 저항하여 수운 최제우가 세상과 백성을 구제하려는 뜻으로 창시한 민족 종교. 인내천 사상을 기본 교리로 삼아 교세가 확장되었으나, 1894년 동학 농민 운동 이후에 정부의 탄압을 받았고, 제3대 교주 손병희 때 천도교로 이름을 바꾸었다.

동학의 창시자 수운 최제우 초상

이야기해 주었다.

"우리는 탐관오리를 몰아내고 외세로부터 우리 민족의 권리를 지킬 것입니다."

창암의 귀에는 모두가 새로운 이야기뿐이었다.

동학에 들어간 창암은 이름을 창수로 바꾸었다. 그리고 동학의 전파에 힘썼다.

"자, 동학의 깃발 아래 뭉칩시다!"

"나도 동학교도가 되겠다."

"아버지! 잘 생각하셨습니다."

그는 동학에 들어간 지 몇 달 만에 수백 명의 교도를 모을 정도로 열심히 전도했다.

그의 이름이 황해도 땅에 널리 퍼졌다. 그리고 얼마 후 접주라는 칭호를 얻게 되었다.

접주란 한 지방의 교도를 책임지는 사람이었다. 그 무렵 창수가 만난 사람들 중에는, 해월 최시형 선생의 뒤를 이어 대교주가 된 의암 손병희 선생도 있었다.

김창수 접주는 팔봉산 밑에 산다고 하여 '팔봉 도소'라는

깃발 아래 교도들을 모았다. 팔봉 도소에 모인 사람들 중에는 포수(사냥꾼) 출신이 많았기 때문에 총을 가진 사람들이 무려 칠백 명이나 되었다.

그러던 어느 날, 팔봉 도소에 서른 살 안팎의 낯선 남자 두 사람이 찾아왔다.

"어디서 오신 뉘신지요?"

창수가 물었다.

"구월산 밑에 사는 사람들입니다. 저는 정덕현이라 하고 이쪽은 우종서라고 합니다."

"그래, 무슨 일로 찾아오셨는지요?"

그러자 갑자기 두 사람은 목청을 돋구어 창수를 향해 삿대질을 하며 소리치기 시작했다.

"동학교도들은 한 놈도 쓸 만한 놈이 없다던데, 들리는 이야기로는 자네가 그중에서도 배짱이 좀 있다고 해서 얼굴이나 한 번 보려고 찾아왔네."

창수는 갑자기 말투가 거칠어진 두 사람을 보고 화가 났지만 꾹 참고 깍듯이 대접하기로 했다.

"선생들께서 우리 동학을 걱정해 주서서 고맙습니다."

"흥! 걱정은 무슨……." "부디 좋은 말씀을 들려주십시오."

"하하하, 우리더러 좋은 말을 들려 달래!"

그때 창수 뒤에 있던 교도들이 칼을 빼 들고 무섭게 달려들려고 하였다.

"가만두지 않을 테다. 이 못된 녀석들! 감히 우리 접주님께 무례를 범하다니!"

"그만들 두게나! 부디 좋은 말씀을 들려주십시오."

정덕현과 우종서는 창수의 모습을 보며 속으로 예사로운 인물이 아니라고 생각했다.

"과연 훌륭한 접주이십니다. 저희도 접주님을 따르겠으니 받아 주십시오."

그들은 조금 전의 무례함과는 달리 창수의 모습에 감복하여 그를 따르겠다고 고개를 숙였다.

"고맙습니다. 우리 함께 일을 합시다."

정덕현과 우종서를 교도로 맞은 창수는 다음과 같은 행동 방침을 내리고 반드시 지키도록 엄명했다.

첫째, 교도들은 기상을 정숙히 하고 병졸에게도 절대로 하대를 하지 말 것.

둘째, 동학교도의 이름을 이용하여 곡식이나 돈을 걷는 일을 하지 말고 인심을 얻도록 행동할 것.

셋째, 어진 사람을 구한다는 글을 돌리고 좋은 인재를 많이 구하도록 노력할 것.

얼마 후, 창수는 교도들과 함께 곡식을 모두 구월산으로 옮기고, 날마다 군사 훈련을 실시했으며 많은 인재를 모집했다.

그 무렵, 이동엽이란 접주의 교도들이 백성을 괴롭히고 행패를 부린다는 보고가 들어왔다.

창수는 당장 이동엽을 잡아 와 다시는 그런 짓을 하지 못하도록 혼내어 돌려보냈다. 그때부터 이동엽은 창수를 미워하기 시작했다.

어느 날, 창수가 열이 나서 자리에 눕게 되었다. 그 틈을 이용하여 이동엽은 교도들을 이끌고 구월산을 습격해 왔다. 창수가 몸이 아파 자리에 누워 있는데다 갑자기 습격을 당했기 때문에 창수의 교도들은 그만 싸움에 지고 말았다.

 싸움에 진 창수는 신천 청계동의 안 진사를 찾아갔다. 안 진사의 이름은 안태훈이었다. 그는 글도 잘하고 글씨도 잘 쓰는 등 재주가 뛰어난 선비였다. 그뿐만 아니라 청계동에는 그가 키우고 있는 군사들도 많았다.

 창수는 안 진사에게 이동엽의 교도들이 팔봉 도소를 습격했으며 부모님의 안전이 위협받고 있다고 말했다.

 그 이야기를 들은 안 진사는 총으로 무장한 군사 30명을 보내 주겠다고 약속하고 부하들에게 명령했다.

 "오늘 중으로 텃골에 가서 김 접주의 부모님을 속히 모셔 오도록 해라."

 이리하여 창수는 안 진사의 도움을 받아 우선 부모님을 안전하게 모시게 되었다.

 창수는 청계동에서 고능선 선생도 만났다.

 "선생님, 저는 김창수라고 합니다."

 후주 고능선 선생은 훌륭한 학자였는데, 훗날 창수에게

백범 김구에게 피신처를 제공한 진사 출신의 지식인 안태훈(왼쪽)과 그의 아들 안중근 의사(오른쪽)

많은 가르침을 주었다.

"제아무리 학식이 높고 재주가 뛰어나도 의리에 벗어나면 오히려 화근이 되는 법일세."

"네, 잘 알겠습니다."

창수는 청계동에 와서 안 진사의 큰아들인 안중근도 알게 되었다. 안중근은 나중에 만주의 하얼빈역에서 우리 민족의 적 이토 히로부미를 총으로 쏘아 죽인 독립투사이다.

어느 날, 안 진사 집에 머물러 있던 고능선 선생이 창수에게 말했다.

"우리나라를 크게 일으키려면 청나라에 대해서 많이 알

아야 하네. 청나라는 일본에게 진 빚을 잊지 않고 있어. 언젠가 청나라는 원수를 갚기 위해 일본과 싸울 걸세. 그러니 우리는 청나라의 사정에도 밝아야 하고 청나라 인물과도 사귀어 두었다가 때가 오면 써먹어야 할 걸세."

"잘 알겠습니다."

"김 군, 어떤가? 청나라에 한 번 다녀오지 않겠나?"

창수는 고 선생의 권유에 따라 청나라에 다녀오겠다는 결심을 하게 되었다.

그 무렵 창수는 안 진사네 사랑방에서 김형진이라는 참빗 장수와도 알고 지냈다.

창수와 친해진 김형진은 그가 청나라에 간다는 말을 듣고 자신도 따라가겠다고 나섰다. 그러자 창수는 집에서 기르던 말 한 필을 팔아 여비를 마련하여 길을 떠났다.

만주에 도착한 창수는 김이언의 의병 부대에 들어가 활동하였다. 그 의병 부대에서 창수는 강계 등지에서 화약을 사 오는 일을 맡았다.

김이언 부대가 할 일은 그 첫째가 강계성을 점령하는 일

이었다. 강계성에는 일본군이 진을 치고 있었다.

 병사들은 먼저 강계성 입구에 있는 고산리의 일본군을 공격하여 무기를 빼앗아 나누어 가졌다.

 이 소식이 강계성의 일본군에게 전해지자 일본군의 수비가 강화되었다.

 의병들은 그 사실도 모르고 강계성을 공격하기 시작했다. 그러나 강화된 수비대의 저항이 완강하여 후퇴하지 않을 수 없었다.

 작전의 실패는 대장인 김이언의 잘못된 작전 계획 때문이었다.

 창수와 김형진은 고산리를 먼저 공격하지 말고 강계성을 먼저 공격하자고 했었다. 그러나 김이언이 고집을 부려 고산리부터 먼저 공격하는 바람에 일이 실패로 끝나고 말았던 것이다. 창수와 김형진은 앞으로 어떻게 할 것인가를 두고 의논했다. 먼저 창수가 의견을 내놓았다.

 "김이언이라는 사람을 대장으로 믿고 활동할 수는 없을 것 같소. 동지의 생각은 어떻소?"

"나도 그렇게 생각합니다. 그를 따라다니다가 개죽음을 당할 바에는 떠나는 게 좋겠습니다."

"자, 그럼 우리는 청계동으로 갑시다."

두 사람은 신천을 거쳐 청계동으로 돌아왔다. 청계동으로 돌아온 창수는 고능선 선생을 찾아갔다.

"어쨌든 고생 많았소. 이번에는 단발령에 반대하는 명분으로 의병을 일으키면 어떻겠소?"

"네? 단발령에 반대하라고요?"

그 무렵, 조정에서는 여러 가지 제도를 바꿨다.

그 중의 하나가 단발령이었다. 단발령이란 남자의 상투를 자르라는 명령이었다.

그러나 유생들을 비롯한 백성들이 강력하게 반발하고 나섰다. 사람들이 단발령에 순순히 응하지 않자 서울을 비롯한 큰 도시에서는 군사들이 지켜 서서 강제로 상투를 잘랐다.

그러자 명성 황후 시해로 울분에 싸여 있던 유생과 농민들은 단발령을 계기로 각 지역에서 의병을 일으켰다.

창수는 다시 청계동에 돌아온 뒤 단발령에 반대하는 의병을 일으키려고 했다. 그래서 안 진사와 이 일을 의논하기로 했다. 그러나 안 진사의 의견은 달랐다.

"의병을 일으키는 일은 그리 쉬운 일이 아닙니다. 더구나 일본군은 막강한 청나라와 싸워서도 이긴 군대입니다."

그러자 창수와 함께 있던 고능선이 냉정하게 대답했다.

"안 진사, 나는 오늘부터 자네하고 인연을 끊겠네!"

고능선은 청계동을 떠나 해주로 돌아갔다. 창수도 자기와 뜻이 다른 안 진사와 함께 지낼 필요가 없겠다고 생각했다.

"아버지와 어머니께서는 다시 텃골로 가서서 지내십시오."

창수는 부모님을 텃골로 가서 살게 해 놓고 자신은 다시 청나라로 가기 위해 청계동을 떠났다.

청계동을 떠난 창수는 평양을 거쳐 안주에 도착했다. 평양에 이르자 군인들이 길목을 막고 지나가는 사람들을 붙들어 세운 뒤 강제로 상투를 자르고 있었다. 그러나 안주에 도착해 보니 그런 일은 벌어지지 않았다. 게시판을 보니 단발을 중지한다는 방이 붙어 있었다.

그 무렵, 우리나라의 정세는 매우 어지러운 상황이었다. 특히 러시아와 일본이 우리나라를 식민지로 삼기 위해 서로 다투고 있었다.

일본은 우리나라의 왕비인 명성 황후를 시해했다. 명성 황후가 친러파였기 때문이었다. 친일파가 세력을 잡자 친러파는 친일파의 우두머리 김홍집을 죽이고 고종 황제를 아라사(러시아) 공관으로 데려갔다. 역사에서는 이것을 '아관 파천'이라고 한다.

이처럼 나라 안은 친일파와 친러파의 세력 다툼으로 몹시 어지러웠다. 이러한 형편을 안 창수는 굳이 청나라에 갈 필요가 없다고 생각했다.

창수가 신천으로 가기 위해 진남포에서 나룻배를 탄 것은 2월 하순의 일이었다.

날이 어두워질 무렵, 창수는 대동강 하류 치하포에 도착해 근처 주막에 들어갔다. 그는 많은 사람 틈에 끼어서 잠시 눈을 붙였다.

그때 손님들의 떠드는 소리가 나서 눈을 떠 보니 손님들 중에 수상한 사람이 섞여 있었다. 창수는 그 수상한 사람을 보고 생각했다.

'저놈은 분명히 일본 놈이다. 그런데 왜 조선인으로 변장을 하고 있을까? 그래, 뭔가를 조사하려는 염탐꾼임에 분명해! 혹 저놈이 우리 국모인 명성 황후를 죽인 놈일지도 몰라. 아니면 그들과 한패일 거야. 오늘 밤 저놈을 내 손으로 처치해 버리자!'

잠시 후 그 수상한 사람은 어디를 가려는지 주막을 나섰다.

창수가 뒤를 밟아 주막집 모퉁이를 막 돌아서려는 순간이었다. 그자가 눈치를 챘는지 먼저 공격을 해 왔다.

"웬 놈인데 뒤를 밟는 거냐?"

"그건 알 것 없다. 이 왜놈! 변장하면 누가 모를 줄 아느냐?"

두 사람이 싸우는 소리에 주막에 있던 사람들이 몰려들었다.

"도대체 무슨 일이오?"

"이놈은 왜놈이오. 우리 국모를 죽인 이놈! 자, 내 칼을 순순히 받아라!"

창수는 칼로 상대의 배를 찔렀다.

"아악!"

그는 외마디 비명을 지르며 쓰러졌다. 창수가 짐작한 대로 그는 일본군 중위로, 우리 돈 8백 냥을 가지고 있었다. 창수는 그 돈을 주막 주인에게 주었다.

"이 돈을 마을의 가난한 사람들에게 골고루 나누어 주십시오."

"아이고! 잘 알겠습니다."

주인은 몇 번이나 고맙다고 절을 하였다.

"주인, 종이와 붓을 좀 갖다주시오."

"네, 네. 그러지요."

주인은 종이와 붓을 가지고 왔다. 창수는 먹을 갈아 종이에 이렇게 썼다.

국모의 원수를 갚기 위해 내가 이 왜놈을 죽였노라.

해주 텃골 김창수.

"자, 이것을 큰길가 벽에 붙여 주시오. 그리고 이 일을 안악 군수에게 보고해 주시오."

창수는 이렇게 당부해 놓고 유유히 고향을 향해 발길을 옮기기 시작했다.

역사 속으로

을미사변

갑오개혁을 통해 조선의 내정에 깊숙이 관여하기 시작한 일본은 청·일 전쟁에 승리한 뒤 박영효, 김홍집을 중심으로 한 친일 내각을 만들어 세력 확장에 힘을 기울였다. 이때부터 일본은 조선을 지배하려는 야심을 노골적으로 드러내었다. 이에 고종과 명성 황후는 일본의 간섭에서 벗어날 방법을 찾으려 하였다.

일본은 청·일 전쟁에서 승리하여 중국으로부터 랴오둥반도를 빼앗았다. 이는 일본이 러시아의 남하를 막고 중국에서 세력을 키우기 위해서였다. 이에 대해 일찍부터 남하 정책을 추진하고 있던 러시아는 오래전부터 이 지역에 이해관계를 가지고 있는 독일과 프랑스를 끌어들여 랴오둥반도를 청나라에 돌려줄 것을 일본에 요구하였는데 이를 삼국 간섭이라고 한다.

일본은 삼국의 간섭을 거절할 힘이 없었기 때문에 굴복하여 랴오둥반도를 청나라에 되돌려 주었다. 그리하여 일본에 대해 불만을 품고 있던 고종과 명성 황후는 러시아와 가깝게 지내면

서 친러파인 이범진, 이완용(친일파 이완용은 당시 친러파에 가담했음) 등을 등용하여 제3차 김홍집 내각을 구성하였다.

조선에 대한 침략 정책을 추진하던 일본은 조선의 이러한 움직임에 크게 당황하였으며, 주한 일본 공사를 무인 출신인 미우라 고로로 바꾸었다.

미우라는 러시아와의 우호적인 정책을 주도한 명성 황후를 시해할 것을 계획하고 일본군과 일본 불량배들을 동원하여 1895년 10월 8일 새벽, 궁궐에 침입해 황후의 침실인 옥호루에 몰려가 명성 황후를 살해한 뒤 시체에 석유를 뿌려 불사르는 만행을 저질렀다. 이를 을미사변이라고 한다.

당시 이 사건을 목격한 미국인 고문 W. M. 다이와 러시아인 G. 사바틴이 그 진상을 국내외에 폭로하자 구미 열강은 강하게 일본을 몰아세웠다. 마지못한 일본은 해결 방안으로 미우라와 그 일당을 본국으로 소환하였다. 그러나 형식적인 재판만 한 채 증거 불충분을 이유로 그들을 모두 석방했다.

　한편, 일본의 압력으로 구성된 친일 내각은 그동안 계획대로 실행되지 못했던 개혁을 적극적으로 추진하려는 태세를 갖추었다. 이에 음력의 폐지와 양력 사용, 종두법 시행, 우편 제도 실시, 단발령 발표 등의 개혁이 이루어졌는데 이를 을미개혁이라고 한다.

　하지만 일본의 명성 황후 시해와 내정 간섭으로 우리 민족의 반일 감정은 더욱 고조되었다. 특히, 단발령은 국민의 분노를 폭발시키는 계기가 되어 전국 각지에서 항일 의병 운동을 일으켰다. 그리고 이듬해 2월 고종 황제가 러시아 공사관으로 피신하여 그곳에 머물게 됨으로써 일본의 조선 식민지화 계획은 큰 타격을 입었다.

죽음에서 돌아오다

　창수가 치하포에서 일본 놈을 죽인 지 석 달 뒤였다.
　30여 명의 관헌들이 김창수를 체포하기 위해서 텃골로 몰려들었다.
　창수는 그 길로 체포되어 해주 감옥에 수감되었다. 창수의 어머니는 해주까지 따라와서 아들의 옥바라지를 하고 그의 아버지는 평소에 잘 아는 벼슬아치들을 찾아가 아들의 석방 운동을 펼쳤다.
　창수는 한 달이나 감옥에 갇혀 있다가 첫 심문을 받았다.

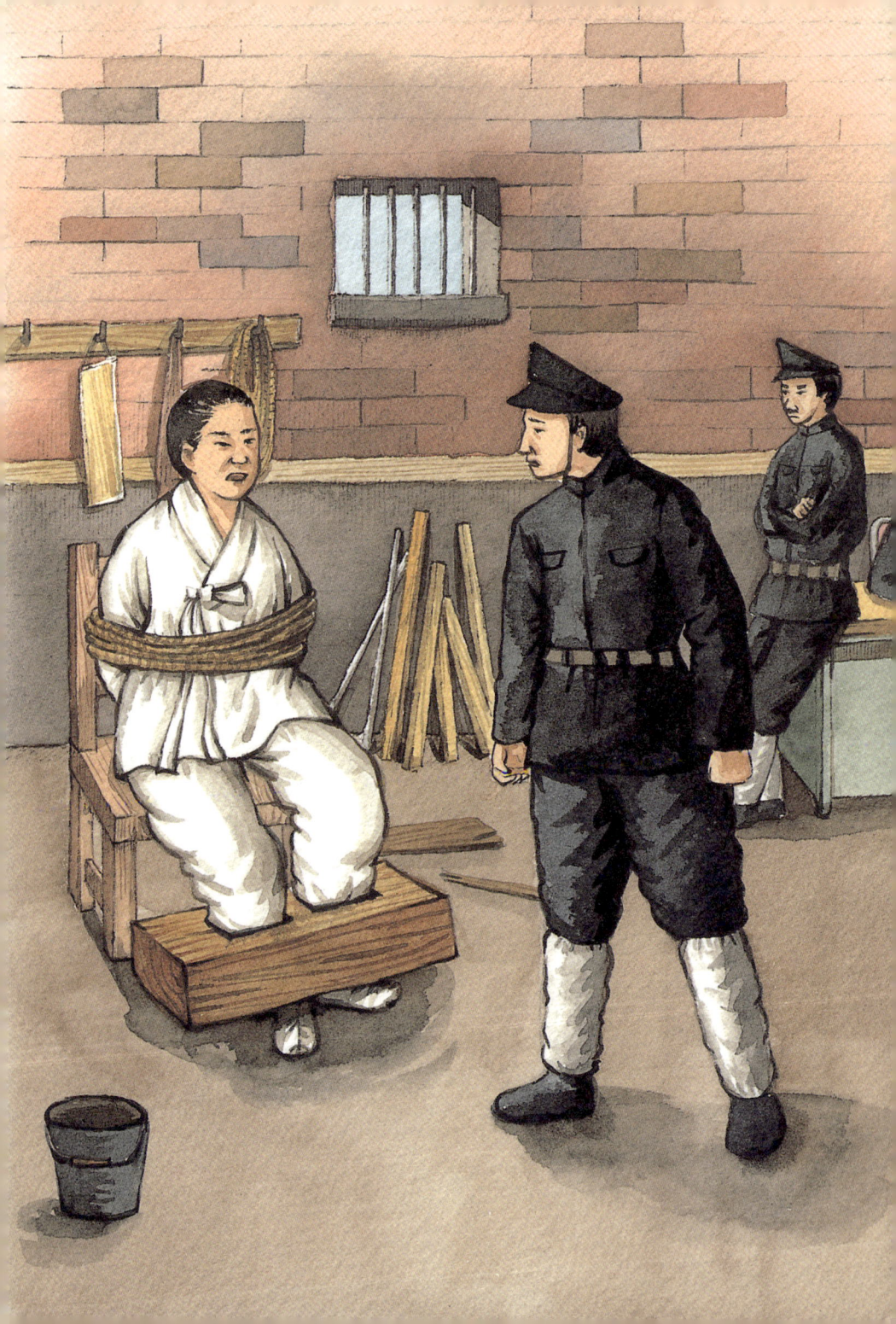

"네가 치하포에서 일본 사람을 죽이고 강도질을 한 놈이냐?"

"아니오, 그런 짓은 하지 않았소!"

"네놈이 했다고 방을 붙여 놓고 이제 와서 거짓말을 하느냐?"

감사는 고래고래 소리를 질러 댔다.

"저놈의 주리를 틀어라!"

감사의 명령이 떨어지자 좌우에 서 있던 사령들이 양쪽 다리 사이에 몽둥이를 넣어 주리를 틀었다. 정강이의 살이 벗겨져 뼈가 허옇게 드러났다. 그래도 창수는 이를 꽉 다물고 입을 열지 않았다.

"그래도 네놈의 짓이 아니란 말이냐?"

"나는 강도질한 일이 없소!"

모진 고문에 창수는 마침내 기절하고 말았다. 그로부터 두 달쯤 지난 어느 날이었다. 창수는 인천 감옥으로 옮겨졌다. 창수의 어머니도 인천으로 따라왔다.

창수는 여덟 명의 다른 도둑들과 함께 감방에 갇혔다.

그리고 발에 채우는 차꼬라는 형틀에 발목이 묶인 채 경무관의 심문을 받았다.

"치하포에서 일본인을 죽인 일이 있는가?"

"있소!"

창수는 순순히 자백하기로 했다.

"그 일본 사람이 가진 돈을 훔치려고 죽였는가?"

"아니오. 나는 우리나라 국모를 죽인 일본놈에게 원수를 갚으려고 그랬을 뿐 돈을 훔친 일은 없소."

"그래?"

경무관은 한숨을 쉬었다. 그곳에는 일본 사람들도 보였다. 그래서 창수는 일본 사람들을 향해 소리쳤다.

"이 짐승만도 못한 놈들아! 너희들은 어찌하여 감히 우리나라의 국모를 죽였느냐? 난 죽어서라도 원수를 갚고 우리나라의 욕됨을 씻고야 말겠다!"

창수는 이미 죽음을 각오하고 있었다. 사람이 한 번 태어나서 옳은 일을 하고 죽는다면 두려운 것이 없다는 생각을 가졌기 때문이었다.

　경무청에서는 창수가 도둑이 아니라 정치범이라는 걸 알고 그날부터 대우를 달리하게 되었다.

　이렇게 되자 창수의 이름이 널리 알려지게 되었다.

　어느 날, 창수의 어머니가 면회를 왔다. 어머니의 얼굴에는 기쁨이 넘쳐흐르고 있었다. 창수는 이상히 여기어 물었다.

　"어머니, 무슨 기쁜 일이라도 있으십니까?"

　"요즘 밖에서는 온통 네 칭찬으로 들끓고 있단다. 또한 아주 훌륭한 아들을 두었다고 나를 부러워한단다."

　창수는 자신의 행동으로 어머니가 기뻐하시는 것을 보자 마음이 놓였다.

　그날부터 창수에게 면회 오는 사람이 줄을 이었다. 찾아오는 사람들은 맛있는 음식이나 감옥 안에서 입을 옷을 선물로 가지고 왔다.

　창수는 그 선물들을 감옥에 함께 갇힌 다른 죄수들에게 골고루 나누어 주었다.

선물 중에는 책도 많이 들어 있었다.

창수는 감옥에서 책을 읽고 새로운 학문에 대한 지식을 쌓았다. 그리고 다른 죄수들에게도 자신의 지식을 전해 주었다.

다른 죄수 중에는 나쁜 죄를 저질러 옥살이를 하는 사람도 많았다.

창수는 죄수들에게 글을 가르쳐 주고 예절 교육도 했다.

또 옛날 사람들의 훌륭한 말씀을 재미있게 이야기로 꾸며 들려주기도 했다.

창수에 대한 이러한 소식은 기자들을 통해 흘러 나갔다.

"김창수 선생의 기사가 실린 신문이오."

신문은 날개 돋친 듯 팔려 나갔다.

"얘! 신문 한 장 다오."

"김창수라는 사람이 인물은 인물인가 봅니다."

"그런 사람이 어서 풀려나야 우리 민족이 잘될 텐데……."

하지만 7월 27일 《황성신문》*에 창수의 사형이 확정되었다는 기사가 실렸다.

창수는 자신의 사형 기사를 보고도 놀라지 않았다. 그는 태연히 책만 읽었다.

한편, 신문을 본 사람들은 수군거렸다.

"아니, 김창수를 죽인다고요?"

"그런가 봐요. 아까운 사람인데······."

마침내 그를 처형하기로 한 날이 다가왔다.

"김창수!"

간수가 그의 이름을 불렀다. 그러나 창수는 아무 말도 하지 않았다. 그러나 함께 있던 죄수들은 마치 자기들이 형장으로 끌려가기라도 한 듯 벌벌 떨었다.

"김창수, 대답하시오!"

간수가 소리쳤다.

황성신문

1898년 9월 5일에 창간된 일간 신문. 남궁억, 장지연 등이 《경성신문》을 인수하여 창간한 것으로, 국한문체로 발간하였다. 애국적 논필로 여러 차례 정간을 겪다가 1910년 8월 28일에 강제 폐간되었다.

장지연이 을사늑약에 분개하여 쓴 논설 '시일야방성대곡'이 실린 《황성신문》

"왜 그러시오?"

창수가 대꾸했다.

"당신은 살았소. 방금 고종 황제 폐하께서 사형을 중지하라는 칙명*을 내리셨소."

사형집행 당일 고종 황제는 김구가 명성 황후 시해에 대한 복수로 살인을 저질렀고 오늘 사형에 처한다는 보고를 받고 급히 직접 전화를 걸어 사형집행 중단을 지시한 것이다.

이튿날 신문에는 창수가 특사로 풀려난다는 기사가 실렸다. 하지만 특사령이 내렸으나 창수는 풀려나지 못했다. 일본의 압력으로 감옥에서는 석방할 수가 없었던 것이다.

'한 번 죽었다 살아난 몸, 지금부터 내 몸은 이 나라의 몸

칙명

조선 시대 국왕이 신하에게 관직, 관작, 시호, 토지, 특전 등을 하사할 때 사용하는 문서를 '교지'라고 하였는데, 대한제국 시대에는 이를 황제의 문서를 가리키는 '칙명'이라 불렀다. 칙명을 받든 사신은 곧바로 해당자에게 임금의 명령을 전달하여 조치를 수행하도록 한다.

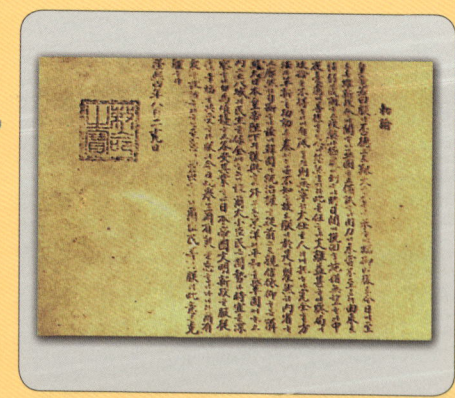

국권 피탈 때 내려진 고종의 칙서

백범의 사형 집행을 정지시킨 광무 황제 능을 방문한 기념 사진

이다. 죽음을 각오하고 나라를 위해 싸우자.'

그러나 창수는 여전히 감옥에서 석방되지 못하고 있었으므로 아무 일도 할 수 없었다.

'이 모두가 왜놈들 때문이다. 그렇다면 어떻게 해서라도 이 감옥을 빠져나가 나라와 백성을 위해 일을 하지 않으면 안 된다.'

창수는 이렇게 생각하고 탈옥할 것을 결심했다.

그때 마침 같은 감방에는 10년 징역형을 받은 조덕근이라는 죄수가 있었다.

"서둘러 탈옥합시다!"

조덕근은 날마다 창수를 졸랐다.

"그렇다면 내가 시키는 대로 하겠소?"

"뭐든지 하겠습니다."

"우리가 탈옥하려면 돈이 필요하오. 2백 냥쯤 구할 수 있소?"

"곧 마련하겠습니다."

조덕근은 면회 온 사람을 시켜 곧 돈을 마련했다.

창수는 면회 온 어머니에게 세모난 쇠창을 구해 달라고 부탁했다. 그리고 작은 소리로 말했다.

"며칠 안으로 탈옥하겠으니 아버지와 어머니께서는 오늘 밤 안으로 배를 타고 고향으로 돌아가십시오."

어머니는 그날 저녁에 새 옷에 그 창을 싸서 넣어 주었다. 드디어 탈옥하기로 한 날, 창수는 간수를 불렀다.

"자, 이 돈으로 밥과 고기를 좀 사 주시오. 죄수들에게 한 턱내고 싶습니다."

그리고 간수에게 따로 돈을 주었다. 감옥 안에서는 간단한 잔치가 벌어졌다. 간수도 자기 방으로 들어가고 없었다.

　창수는 마루 밑으로 들어가서 바닥에 깐 벽돌을 창끝으로 들춰내고 땅을 파서 통로를 만들었다.

　"자, 서둘러 빠져나갑시다."

　이리하여 창수와 조덕근은 또 다른 세 사람과 함께 감방을 빠져나와 바깥의 높은 담도 모두 무사히 넘었다.

　그 후 창수는 수원, 오산 등지의 아는 사람을 찾아다녔다. 그러다 마지막으로 계룡산 갑사로 들어갔다.

　탈옥한 창수는 어느 날, 별생각 없이 절 구경을 하고 있었다. 그때 한 마흔 살쯤 되어 보이는 사나이가 그에게 다가왔다.

　"절 구경을 하러 오셨나요?"

　그 순간, 창수는 가슴이 뜨끔했다. 혹시 자기를 잡으러 온 사람일지도 모른다고 생각했기 때문이었다.

　"네, 그렇습니다. 전 개성에서 장사를 하다가 실패하고 이렇게 떠돌아다니고 있습니다."

　창수는 거짓말을 했다.

"그렇군요. 당신은 장사에 실패했다고 했소만 난 인생에 실패한 사람이오."

"인생에 실패를 했다구요?"

"그렇소이다. 난 홀아비가 되어 바람처럼 구름처럼 떠돌아다니고 있소."

그 사나이의 말에는 거짓이라고는 찾아볼 수가 없었다.

"이제부터 어디로 갈 작정인가요?"

"절에 들어가서 중이나 되어 볼까 합니다."

창수는 퍼뜩 이런 생각이 떠올랐다.

'나도 중이 되어 볼까?'

그때 그 사나이가 다시 말을 걸었다.

"어떻소? 선생도 무척 괴로운 모양인데. 나와 함께 마곡사에 가서 중이 되어 보지 않겠소?"

"글쎄올시다. 어디 마곡사에 한번 가 볼까요?"

이리하여 창수와 그 사나이는 마곡사로 갔다.

 탈옥한 죄수가 숨어서 살기에는 절이 가장 좋겠다고 생각했던 것이다.

마곡사*로 들어간 창수는 하은당이라는 늙은 스님의 제자가 되었다. 그리고 절에서 부르는 이름을 원종이라고 붙였다.

창수는 마곡사에서 낮에는 일을 하고 밤에는 열심히 불법을 배웠다. 그러는 사이에 이럭저럭 반년이란 세월이 흘렀다.

그러나 부모님이 걱정되어 마냥 절에 머물 수만은 없었다.

'텃골로 가신 부모님은 어떻게 되었을까? 살아 계실까? 돌아가셨을까?'

그래서 창수는 절을 떠나 고향인 텃골로 갔다.

"어머니!"

"그동안 고생 많았지."

마곡사

충남 공주 태화산에 있는 신라 시대의 절. 원나라의 영향을 받은 라마 형식의 5층 석탑과 영산전, 대웅보전, 대광보전 등이 있으며 고려 시대의 것으로는 향로가 소장되어 있다.

마곡사의 전경

창수는 텃골에 자리를 잡고 다시 농사일을 시작했다. 그러나 농사일도 그의 마음을 잡아 주지는 못했다.

'남아로 태어나 무엇인가 나라를 위해 큰일을 해야 할 텐데……'

그는 다시 고향을 떠났다. 그때 그의 나이는 스물네 살이었다. 강화도로 간 창수는 그곳에서 아이들을 모아 놓고 글을 가르쳤다.

그러던 어느 날, 무주에 사는 유인무라는 사람이 찾아왔다.

"저는 창수 형의 애국적 행동에 감명을 받고 오랫동안 형을 찾아 다녔습니다. 저도 형의 뜻을 따르고 싶습니다."

"고맙소."

교육에 몰두하여 지내고 있던 중, 유인무라는 사람의 방문으로 창수는 다시 힘을 얻었다.

"앞으로 서로 도우며 일을 해 봅시다."

유인무는 창수와 함께 지내면서 일을 같이하게 되었다.

"김 형, 이름 하나 지어 드릴까요?"

"이름을 새로 지어 주겠다고요?"

"창수라는 이름으로는 이제 살아갈 수가 없잖습니까?"

"그렇지요. 그럼 좋은 이름을 하나 지어 주시오."

"김구가 좋을 것 같습니다."

"김구요?"

김창수가 김구로 바뀐 것은 그때부터였다.

어느 날 밤, 김구는 꿈을 꾸었다. 꿈속에 아버지가 나타났다.

"애야, '황천'이라는 글을 써 보아라."

김구는 눈을 떴다.

'황천이란 사람이 죽어서 간다는 곳이 아닌가?'

김구는 아침에 유인무에게 그 꿈 이야기를 했다.

"어서 집에 가 보는 것이 좋겠군요."

김구는 서둘러 길을 떠났다. 텃골 집에 닿자 어머니가 눈물을 흘리며 맞아 주었다.

"네가 오는구나. 아버지께서 위독하시단다."

"불효자식을 용서해 주십시오."

김구는 정성을 다하여 아버지를 보살폈다. 약을 구해서

달여 드렸지만 별다른 효험이 없었다.

그래서 김구는 옛날에 아버지가 할머니께 해 드렸던 것처럼 허벅지에서 피를 내서 아버지 입에 넣어 드렸다. 그러나 그것도 효험이 없었고, 아버지는 끝내 세상을 떠나고 말았다.

김구는 아버지의 장례를 치르고 나서 결혼을 하려고 했으나 뜻대로 되지 않았다. 그래서 홀로 어머니를 모시고 살았다.

그러던 중 1903년 김구가 스물일곱 살 되던 해에 어머니를 모시고 장연으로 이사했다. 장연에는 오인형이라는 진사가 있어 김구에게 많은 농토와 과수원을 주었다.

김구는 그곳에서 학교를 세우고 신학문을 가르쳤다. 이 무렵, 김구는 최준례라는 처녀와 결혼하게 되는데 그의 나이 스물여덟 살이었다.

김구는 교회에도 나가면서 착실하게 종교 생활을 했다. 결혼한 다음 해, 김구는 진남포 예수 교회의 청년회 총무 자격으로 한성 상동 교회에서 열리는 전국 대회에 참석하였다.

 겉으로는 앞으로 교회가 할 일을 의논할 목적으로 벌인 대회였지만 실제로는 을사늑약을 반대하는 모임이었다.

 이 대회에는 이준, 이동녕 같은 애국자들이 참석하고 있었다. 참석한 사람들은 을사늑약을 폐기하라는 상소를 올리기로 결정했다. 그리고 죽음을 각오하고 몰려갔다.

 그러나 일본군은 총과 칼로 해산시키려고 했다.

 김구는 앞장서서 외쳤다.

 "동포 여러분! 지금 우리는 왜놈들에게 나라를 빼앗기려는 순간에 놓여 있습니다. 우리 동포는 한마음으로 뭉쳐서 을사늑약을 폐기해야 합니다!"

 그러자 대한문* 앞에 모인 군중들은 함성을 질렀다.

대한문

덕수궁 정문. 대한 제국 광무 원년(1897년)에 고종이 덕수궁으로 거처를 옮기면서 명례궁을 옛 이름인 경운궁으로 다시 부르게 하고, 그 정문인 대안문(大安門)을 수리하기로 하며, 문의 이름을 대한문(大漢門)으로 바꾸었다.

마곡사의 전경

일본군은 군중들을 강제로 해산시켰다. 김구와 동지들은 자갈과 기와로 대항했다. 그러나 일본군의 총과 칼 앞에서는 어쩔 수가 없었다. 마침내 이준 등 다섯 명의 대표가 잡혀갔다.

김구와 동지들은 다시 회의를 열고 일본군에 항거하는 새로운 방법을 궁리했다. 동지들은 전국 방방곡곡으로 흩어져 교육 사업부터 힘쓰기로 했다. 백성을 깨우치지 않고는 나라를 다시 세우기가 어렵다고 생각했기 때문이었다.

그 당시 김구는 황해도 종산의 서명 의숙에서 학생들을 가르치고 있었다. 그러나 좀 더 큰 뜻을 펴기 위해 큰 학교에서 뜻맞는 동지들과 일을 하고 싶었다.

그리하여 김구는 종산에서 안악으로 옮겼다. 이사하던 날은 몹시 추웠다.

그 때문에 어린 첫딸이 그만 병에 걸려 죽고 말았다.

한편, 김구는 교육자 최광옥 등과 함께 '해서 교육 총회'를 만들어 학무 총감이 되었다. 학무 총감의 임무는 황해도에 많은 학교를 만들어 잘 운영하도록 하는 일이었다.

김구는 황해도 여러 곳을 돌아다니며 강연회를 열었다.

김구는 강연회를 열 때마다 고종 황제의 사진을 강단 정면에 걸어 두고 사람들에게 절을 시켰다. 심지어 일본 군인과 경찰관들까지도 절하게 했다.

"우리는 청·일 전쟁과 러·일 전쟁을 하고 있을 때만 해도 일본을 미워하지 않았습니다. 그러나 그 후 일본은 우리나라의 주권을 빼앗는 조약을 강제로 맺었기 때문에 일본을 미워하게 되었습니다."

그러자 청중들의 눈빛이 빛나고 격앙되는 분위기가 되었다. 급기야 일본 경찰은 강연회를 중단시키고 김구를 끌고 갔다.

백범의 의병활동을 보고한 황해도 장연군수의 보고서

역사 속으로

신민회

나라의 자주독립을 목표로 활동하던 독립 협회가 보수적인 집권층에 의해 해산되고 밖으로 외세의 침략이 거세어지면서, 민족의 위기를 국민의 힘으로 극복해야 한다는 의식이 높아졌다.

그리하여 교육과 산업을 일으켜 부국강병을 이루기 위해 지식인들과 전직 관리들이 앞장서서 국민들을 계몽하는 활동을 펴 나갔다. 이러한 활동은 정치 단체, 교육, 언론, 학문, 종교, 경제 등 각 분야에 걸쳐 진행되었다.

그러나 통감부의 감시와 억압이 심해지는 가운데 기존의 여러 단체들이 더 이상 적극적이고 공개적인 활동을 할 수 없게 되자, 비밀리에 각계각층의 인사를 망라한 신민회가 조직되었다.

신민회는 1907년에 안창호·양기탁·전덕기·이동휘·이갑·이승훈 등이 중심이 되고 종교인·언론인·군인·실업인 등을 모두 망라하여 결성된 비밀 결사 단체였다. 신민회는 국권 회복과 공화 정체의 국민 국가 건설을 궁극적인 목표로 삼았다.

개화사상에 기초를 둔 애국 계몽 단체들이 입헌 군주제 수립

을 목표로 해 온 데 비해 신민회는 처음으로 민주 공화제 수립을 목표로 했다는 특징을 가지고 있다.

신민회는 활동 목표를 민족의 자주독립을 확립할 수 있는 국민 역량을 기르는 데에 두었는데, 특히 민족 교육의 추진, 민족 산업의 육성, 민족 문화의 계발에 중점을 두어 추진하였다.

신민회는 민족 운동과 교육 운동의 간부를 양성할 목적으로 오산 학교와 대성 학교를 설립하였고, 경제적 실력 양성과 신민회 재원을 확보할 목적으로 평양 마산동에 자기 제조 주식회사를 비롯하여 협성 동사, 상무 동사 등의 회사를 세웠다.

그리고 민중 계몽을 위한 출판물 보급과 사업 연락을 위해 평양, 서울, 대구에 각각 태극 서관을 두고 합법적인 활동을 하였다. 또한 조선 광문회를 조직하여 고전을 간행하기도 하였다. 이처럼 민족의식과 독립사상의 고취, 청소년 교육을 위한 교육 기관의 설치, 상공업체의 운영을 통한 민족 자본의 형성 등 민족의 실력을 꾸준히 양성하는 것이 주요 활동이었다.

　한편, 신민회의 간부들은 민족의 독립 역량을 기르기 위해, 통감부의 감시가 미치지 않는 만주에 독립운동 기지를 건설하였다. 신민회는 조국의 독립운동에 뜻을 둔 사람들을 만주 삼원보로 이주시켜 한인들의 집단 거주 지역을 만들었다. 신민회의 인사들은 그곳에 농장을 가꾸어 경제력을 기르는 한편, 신흥 학교를 세워 민족 교육에도 힘썼다. 또, 일본과의 전쟁에 대비하여 군사 학교를 세워 젊은이들을 훈련하는 등 독립을 위한 힘을 기르는 데에 총력을 기울였다.

　신민회가 이처럼 대표적인 애국 계몽 운동의 본거지로 부각되자 일제는 105인 사건을 날조하여 그 조직을 무너뜨려 버렸다.

임시정부 경무국장

무죄가 입증되어 김구가 경찰서에서 풀려난 다음 날이었다.

안중근 의사가 하얼빈에서 일본의 이토 히로부미를 죽였다는 신문 기사가 났다. 안중근은 청계동 안 진사의 큰아들이었다.

김구는 이 사건과 관련되었다는 죄명으로 다시 체포되어 해주로 이송되었고, 경찰은 관련 사실을 조사했다.

김구는 안중근의 아버지 안 진사와는 잘 아는 사이였으나 안중근과는 친하게 지내는 사이가 아니라는 것이 밝혀

져 얼마 지나지 않아 석방되었다.

1910년 8월, 마침내 일본은 우리나라의 임금을 몰아내고 강제로 나라를 빼앗아 버렸다.

우리나라의 애국자들은 중국이나 시베리아로 망명했다. 안창호, 이동녕, 신채호 등 신민회의 회원들이었다.

신민회의 일부는 외국으로 망명하여 독립 전쟁을 일으킬 준비를 했다. 그리고 또 다른 일부는 국내에 남아서 독립운

신민회에 참가했던 독립 지사들.
이동녕, 양기탁, 안창호(상, 좌로부터), 이갑, 신채호, 이승훈(하, 좌로부터)

동에 필요한 자금을 모으기로 했다.

그해 11월 신민회는 경성에서 비밀회의를 열었다.

그 회의에 김구도 참석했다. 김구는 그때 만주 땅에다 독립운동의 거점을 확보하고 그곳에 무관 학교를 세워 독립 전쟁을 수행할 장교를 양성한다는 계획을 하고 있었다.

김구는 학생들을 열심히 가르치는 한편, 신민회의 계획을 실천하기 위해 자금을 마련하는 일에 발 벗고 나섰다.

"고맙습니다. 나라를 위해 요긴하게 쓰겠습니다."

그러던 어느 날 안중근의 동생인 안명근이 학교로 찾아왔다.

"어쩐 일이오. 이렇게 갑자기 나를 찾아오고……."

"선생님, 저를 좀 도와주십시오. 안악에 사는 부자들이 독립운동 자금을 내겠다고 약속해 놓고는 오리발만 내밀고 있습니다. 그래서 그들을 혼내 주려고 합니다."

"그 자금은 무슨 일에 쓸 계획이오?"

"그 자금으로 먼저 동지들을 불러 모을 것입니다. 그다음에는 황해도 안에 있는 전화선을 모두 끊어서 왜놈들이

서로 연락하는 것을 막고 왜놈을 공격할 생각입니다."

"저…… 그러나 안 선생! 우리나라의 독립은 안 선생의 계획만으로는 이루어지기가 어렵습니다. 신민회의 계획대로 우리 백성들을 간도로 이주시키고 뜻있는 젊은이들을 길러 독립 전쟁을 해야 합니다. 그러니 선생의 계획은 중지하는 것이 좋겠습니다."

김구는 형 안중근의 원수를 갚기 위해 왜놈들을 모조리 죽이겠다는 안명근의 위험한 계획에 반대했다. 안명근은 김구의 생각이 다르다는 것을 알고 섭섭한 마음으로 돌아갔다.

얼마 후 안명근은 사리원에서 일본 경찰에 체포되었다.

'정말 아까운 젊은이 하나가 또 희생되는구나.'

김구는 이 일로 또 한 번 감옥에 가게 되었다. 새벽 무렵 김구가 숙소로 쓰고 있는 학교에 일본 헌병이 들이닥쳤다.

헌병은 김구를 헌병대 분견소로 데려갔다. 그곳에는 이미 김홍량, 도인권 등 학교 직원들이 와 있었다.

분견소 소장은 김구에게 말했다.

"당신들은 이제 큰 벌을 받게 될 것이오."

며칠 후 김구와 다른 선생들은 경성으로 보내졌다. 황해도와 평안도의 애국자들도 모두 잡혀 와 있었다. 이 사건이 바로 안악 사건이라고 하는 것이다.

김구는 며칠 동안 유치장에 갇혀 있으면서 심문을 받았다. 일본 경찰이 물었다.

"왜 여기 왔는지 알겠는가?"

"잡아 오니 끌려왔을 뿐이오. 이유는 모르오."

김구가 카랑카랑한 목소리로 대답했다.

"당신 체포 명령을 내린 것은 총독부*의 경무 총감이야. 묻는 말에 순순히 대답하지 않는 걸 보니 악질 중에서도 악질이로군!"

총독부

910년 국권 피탈 이후부터 1945년 해방까지 한반도에 군림하였던 일본의 통치 기관. 1905년 을사늑약으로 대한 제국의 외교권을 장악한 일제는 통감부를 설치하였다가 1910년 명목뿐인 국가 체제를 강제로 해체하고 총독부 설치령을 공포했다.

옛 조선 총독부 건물

일본 경찰은 김구를 묶어서 천장에 매달았다. 그리고 몽둥이로 마구 때렸다. 김구는 정신을 잃고 말았다. 경찰은 다시 찬물을 끼얹었다.

"안명근이라는 자와는 어떤 관계지?"

"서로 아는 사이일 뿐이오."

"바른대로 말해. 다 알고 있어!"

일본 경찰은 또 때렸다. 바른 말을 하지 않는다며 쇠꼬챙이를 불에 달구어 맨살을 지지기도 했다.

그들은 김구를 죄인으로 만들려고 온갖 고문을 자행했다. 김구는 업혀서 유치장으로 돌아왔다.

"네놈들이 내 목숨은 빼앗을지언정, 내 정신만은 빼앗지 못한다!"

김구는 신민회의 계획을 실천에 옮겼다는 죄로 17년의 징역형을 언도받았다.

판결이 내려지자 김구와 동지들은 유치장에서 서대문 감옥으로 옮겨졌다.

김구는 마음을 편안하게 갖고 감옥 생활을 해야겠다고

생각했다. 음식도 남기지 않고 다 먹었고 잠도 푹 잤다.

'장차 나라를 위해서 일하려면 우선 몸이 건강해야 한다.'

김구는 이렇게 생각하고 동지들에게도 스스로 몸을 잘 돌볼 것을 권했다.

그러던 어느 날 어머니가 서대문 감옥에 면회를 왔다.

"나는 네가 큰 벼슬자리에 오른 것보다 더 자랑스럽고 기쁘게 생각한다. 너는 이제 내 아들일 뿐만 아니라 이 나라의 아들이다!"

"어머니, 죄송합니다."

김구는 늙은 어머니를 곁에서 모시지 못한 것을 항상 죄스럽게 생각하고 있었다.

"한 사람밖에는 면회가 안 된다고 해서 나만 왔다. 네 처와 딸아이는 밖에 와 있다. 우리 세 식구는 잘 있으니 걱정 말고 몸조심하거라."

어머니의 목소리는 여느 때와 같았다. 이런 어머니의 모습을 보니 일본 놈들이 더욱 미워졌다.

"어머님, 안녕히 가십시오."

수많은 애국 투사들이 옥고를 치른 서대문 형무소 (서울 서대문구 통일로 251 서대문형무소역사관)

김구는 감방으로 돌아오면서 생각했다.

'어머니, 저는 반드시 세상에 나갈 것입니다. 우리나라와 민족을 위해서 큰일을 해내고야 말겠습니다. 이 땅에서 왜놈들을 모조리 몰아내고 말겠습니다!'

김구가 서른여섯 살 되던 해에 일본의 천황인 메이지가 죽었다. 이것을 계기로 죄수들에게 대사면령이 내려졌다. 김구도 10년이 감형되었다.

김구는 이미 2년간 감옥 생활을 했기 때문에 5년만 더 감옥살이하면 출소할 수 있었다.

그런데 그 이듬해, 메이지의 부인이 죽자 또 특사령이 내렸다. 그래서 김구는 2년만 더 옥살이하면 세상에 나갈 수 있게 되었다. 그즈음에 그는 호를 정하고 이름의 뜻도 바꾸었다.

"이제부터 호를 백범이라 부르고, 이름에 쓴 한자도 거북 구자 대신 아홉 구자로 하자."

백범이란 호에는 가장 천하다는 백정과 무식한 범부까지도 자신 만큼의 애국심을 갖게 하자는 뜻이 포함되어 있다. 또한 김구는 틈만 나면 애국심에 대해 강조했다.

"우리 국민 모두가 글을 깨치고 애국심을 갖는다면 우리는 완전한 독립국이 될 수 있소."

그리고 감옥 마당을 쓸고 유리창을 닦을 때마다 하느님께 이렇게 빌었다.

"우리나라가 독립하면 우리 정부 청사의 마당을 쓸고 유리창을 닦는 일을 해 보고 죽게 하소서."

김구는 형기가 2년이 채 남지 않은 어느 날, 인천 감옥으로 옮겨 가게 되었다. 그런데 인천 감옥은 징역살이가 고되기로 소문난 곳이었다. 그러나 다행히 아는 얼굴들이 많아 위안이 되었다.

감옥에 있는 죄수들은 부두로 나가서 일을 했다. 죄수들이 하는 일은 항구를 만드는 일이었다.

김구도 항구로 나갔다. 흙 지게를 지고 사다리를 오르내렸다. 며칠 지나자 어깨가 헐고 발이 부었다. 그래도 김구는 꾹 참고 일을 했다. 일을 부지런히 하여 고통을 잊으려고 애썼다.

1914년 7월, 몹시 무더운 날이었다.

김구는 3년 6개월 만에 다시 햇빛을 보게 되었다.

옥문을 나선 김구는 우선 안악의 집으로 기별을 했다. 그리고 경성으로 가서 경의선* 열차에 몸을 실었다.

경의선

서울(용산)에서 신의주를 연결하는 철도. 서울을 기점으로 개성-사리원-평양-신의주에 이르는 철도로 1905년 일본이 대륙 침략을 목적으로 부설하였다. 6·25 전쟁 이후에는 서울~문산간, 개성~신의주 간만 운행되다가, 2000년 남북 정상 회담 이후 경의선을 연결하기로 합의, 문산~개성 간 공사가 완료되었다

옛 신의주역 건물

이튿날 사리원역에서 내렸다. 안악에 도착하자 마을 사람들이 나와 김구를 환영해 주었다.

김구는 오랜만에 식구들과 한자리에 앉았다. 그러나 그 자리에는 딸 화경의 모습이 보이지 않았다.

"네 딸 화경이는 죽었다. 화경이는 죽으면서도 옥중에 있는 아버지에게 알리지 말라고 하면서……."

어머니는 말을 잇지 못했다.

김구는 가슴이 찢어지는 것 같았다. 그리고 그의 아내는 안신 학교에서 교사 생활을 하고 있다는 이야기를 들었다.

김구는 아내의 얼굴을 바라보았다. 아내의 얼굴은 많이 수척해 있었다.

"그동안 고생이 많았소. 이제부터는 떳떳한 가장이 되겠소."

김구는 아내가 선생으로 있는 안신 학교의 일을 도와주기로 하였다. 그러나 김구는 일본 경찰의 감시 때문에 자유롭게 행동할 수가 없었다. 그는 할 수 없이 농촌에 숨어 살면서 기회를 엿보기로 했다.

백범과 함께 서대문 형무소에 수감되었던 동지들

그후 시골에서 학생들을 가르치며 3년이란 세월을 보냈다.

그 무렵, 빼앗긴 나라를 되찾기 위한 독립운동이 일어났다.

김구는 3·1 운동이 일어나는 것을 보고 나서, 더 이상 시골에 머물러 있을 수 없음을 깨달았다.

'우리나라의 독립을 위해 큰일을 할 때가 왔다!'

김구는 사리원으로 가서 경의선 열차를 타고 압록강을 건넜다. 신의주에서 검문을 받을 때 스스로를 목재상이라 하였고, 안동현에서는 좁쌀을 사러 왔다고 하여 무사히 통과했다.

　김구와 동지들은 중국으로 가는 배를 탔다. 중국으로 망명하여 독립운동을 계속하기 위해서였다.

　김구가 중국의 상하이에 도착했을 때는 이미 우리나라 임시 정부가 수립된 지 이틀 뒤였다.

　그곳에는 많은 애국 지사가 모여 있었다.

　대한민국 임시 정부의 내각은 이승만, 이동휘, 이동녕, 안창호, 이시영, 김규식, 노백린, 문창범 같은 애국지사들로 구성되었다. 김구는 김보연을 찾아갔다. 김보연은 김구가 교육 사업을 하던 때 따르던 사람이었다.

　"어서 오십시오. 정말 잘 오셨습니다. 이곳에서 선생의 뜻을 펼쳐 주십시오."

　김보연은 뜻을 함께하는 이동녕과 여러 지사들을 만나게 해 주었다.

　어느 날, 김구는 임시 정부의 내무 총장 안창호를 찾아갔다. 그러고 나서 정중히 부탁했다.

　"총장님, 저를 임시 정부의 문지기로 써 주십시오."

"문지기라고요?"

"그것은 제 소망입니다. 전 감옥에 있을 때부터 우리나라 정부 청사의 문지기가 되어 마당을 쓸고 유리창을 닦을 수 있도록 해 달라고 기도했습니다."

"정말 장한 생각이오."

며칠 후 안창호는 국무 회의에서 김구에 대한 안건을 올렸다.

"여러분! 김구 동지에게 경무국장 자리를 주면 어떻겠소?"

"좋습니다!"

김구는 문지기가 아니라 경무국장이 되었다.

"아니, 제가 경무국장이라뇨? 전 자격이 없습니다."

김구는 계속 문지기를 하겠다고 했다.

"문지기는 안 돼요. 신익희나 윤현진 같은 후배들이 중책을 맡아 드나드는 곳의 문지기를 당신에게 맡긴다면 그들이 어찌 드나들 수가 있겠소?"

김구는 안창호의 말을 듣고 할 수 없이 경무국장 자리를 맡게 되었다.

그 무렵, 경무국장이 하는 일은 주로 일본의 밀정을 막고 우리나라 독립운동 지사들을 뒤에서 보살펴 주는 일이었다.

김구는 경무국장 일을 성실하게 수행하였다.

1920년, 그의 아내는 맏아들 인을 데리고 남편 김구를 따라 상하이로 건너왔다. 2년 후에는 어머니도 아들인 김구를 찾아 상하이로 왔다.

이리하여 김구의 식구들은 남의 나라 땅에서 모여 살게 되었다. 그해에 둘째 아들 신이 태어났다.

마흔일곱 살이 되던 1923년에 김구는 임시 정부의 내무 총장으로 승진했다.

당시 상하이에서 백범 김구라면 모르는 사람이 없었다. 그리고 일본 경찰들에게는 호랑이처럼 무서운 사람으로 알려졌다.

그러던 어느 날이었다.

김구의 아내가 병이 들어 자리에 누웠다. 김구는 급히 아내를 병원에 입원시켰으나 이미 병이 깊을 대로 깊어져 며칠 뒤 끝내 세상을 떠나고 말았다. 평생을 독립운동만 하는 남편을 뒷바라지하느라 고생만 하던 아내가 죽자 김구는 한없이 슬펐다.

아내가 세상을 떠난 지 3년이 지난 어느 날, 김구의 어머니가 말했다.

"아무래도 나는 신을 데리고 우리나라에 돌아가서 살아야겠다."

"왜 그렇게 생각하십니까?"

"네가 어린 것들에게 정신이 팔려서 큰일을 하는 데 어려움을 겪을 것 같아서 그런다."

이리하여 어머니는 신을 데리고 우리나라로 건너왔다. 이듬해에는 맏아들 인도 데리고 갔다.

가족과 떨어진 김구는 혼자서 외로운 생활을 하였다. 그는 오직 임시 정부와 나라의 독립만을 위해 일했다.

그러나 그 무렵, 임시 정부의 살림이 어려워 최고 지도자인 '국무령'이 자주 바뀌었다.

마침내 제3대 국무령인 홍진도 자리를 내놓고 말았다.

그 뒤 여러 애국 지사들이 김구를 찾아왔다.

"이젠 백범이 국무령 자리를 맡아서 임시 정부를 이끌어 가야 하겠소."

김구는 펄쩍 뛰며 사양했다.

"아…… 아니, 당치 않는 말씀이오! 저같이 부족한 사람이 어떻게……."

"당신은 인품이 훌륭하니 많은 사람들이 믿고 따를 것이오."

이리하여 1927년 1월, 김구는 마침내 임시 정부의 국무령이 되었다.

역사 속으로

3·1 운동

 개항 이후 근대 사회로 발전하는 과정에서 우리 민족은 여러 방향으로 민족 운동을 전개하였으나, 민족의 역량을 한곳으로 모으지는 못하였다.

 그러나 국권을 침탈당한 이후에는 독립을 되찾는 일이 민족의 공통 목표가 되었다. 따라서 과거에 보였던 민족 내부의 이해 대립은 가혹한 식민지 지배를 받으면서 독립 의지로서 더욱 강화되어 전민족적인 독립운동이 일어날 수 있는 여건이 마련되어 갔다.

 미국, 중국 등 해외에 있는 우리 민족의 독립운동 단체는 민족 자결주의 제창 소식을 듣고 파리 강화 회의에 대표를 파견하였으며, 독립운동 자금을 모으기도 하였다. 일본에 있던 한국인 유학생들은 1919년 도쿄에서 한국의 독립을 요구하는 독립 선언서와 결의문을 발표하였다. 이것이 2·8 독립 선언이다.

전개

 국내에서는 제1차 세계 대전이 끝날 무렵인 1918년 말부터 손

병희, 이승훈, 한용운 등 종교계를 중심으로 한 국내의 민족 지도자들이 세계정세의 변화에 관심을 가지면서 학생 단체와 연결하여 거족적인 독립운동을 준비하고 있었다. 그러던 중, 1919년 초 고종 황제가 서거하였는데, 이것이 일제에 의한 독살이라는 소문이 퍼져 민심을 크게 자극하였다. 게다가 도쿄 유학생들의 2·8 독립 선언 소식이 전해지면서 독립운동에 대한 민족의 열망은 더욱 높아져 갔다.

민족 지도자들은 독립운동의 방향을 논의한 끝에, 우리 민족의 완전한 자주독립 의지를 국내외에 분명하게 밝히기로 하고 독립 선언서를 작성하여 비밀리에 각 지방에 배포하였다.

서울에서는 손병희를 비롯한 민족 대표 33인이 3월 1일 정오에 태화관에서 독립 선언식을 가졌고, 같은 시각에 학생과 시민들은 탑골 공원에 모여 독립 선언서를 낭독하고 태극기를 흔들면서 독립 만세 시위를 벌였다. 지방 곳곳에서도 독립 선언서를 낭독하고 태극기를 흔들며 만세 시위를 전개하였다.

일본 경찰과 군대는 평화적인 방법으로 독립 만세를 부르는

시위대를 총검으로 무자비하게 진압하였다. 이때, 어린 나이로 천안에서 독립 만세 시위를 주도하였던 유관순은 구속되어 옥중에서 순국하였고, 일본군은 화성 제암리 주민들을 교회에 가둔 채 불을 지르고 총격을 가하는 만행을 저질렀다.

의의

3·1 운동은 그동안 꾸준히 계속되어 온 한민족의 민족 독립운동을 하나로 묶어 거족적으로 전개한 최대 규모의 독립운동이었다. 3·1 운동은 우리 민족의 목표가 완전한 자주독립이라는 것을 확인시켜 주었고, 이를 계기로 우리 민족의 독립운동은 국내외에서 더욱 다양하게 전개될 수 있었으며, 그 결과 대한 민국 임시 정부가 수립되었다.

3·1 운동은 아시아 각지의 민족 운동에도 적지 않은 영향을 끼쳤는데 중국과 인도에서는 3·1 운동의 영향으로 대규모의 민족 운동이 전개되었다.

이봉창과 윤봉길

 국무령에 취임한 김구는 독립운동을 더욱 적극적으로 펼치기 위해 헌법을 고쳤다. 새로운 헌법은 바로 국무 위원 제도였다. 그리고 나라의 수반도 주석으로 고쳤다.
 주석은 국무 위원의 대표라는 뜻일 뿐 나라를 이끌어 가는 권리와 책임은 모든 국무 위원에게 있었다.
 김구가 임시 정부의 주석으로 있을 때는 불과 몇 십 명의 독립운동가들이 모여 한숨만 쉬고 있었다.
 한 국무 위원이 김구 주석에게 물었다.

"왜 애국지사들이 이렇게 줄어듭니까?"

"그것은 임시 정부의 군무 차장 김희선과 《독립신문》 사장 이광수, 의정원 부의장 정인 같은 사람들이 친일파로 변하여 본국으로 돌아갔기 때문입니다. 또 본국의 도·군·면에까지 조직을 갖고 있던 '연통제'가 왜놈들에게 발각되어 많은 동지들이 일본 경찰에 잡혀갔기 때문입니다. 그것도 아니면 모두 생활이 어려워서 돈을 벌기 위해 흩어졌기 때문입니다."

임시 정부에서 일을 하다 보면 많은 자금이 필요했다. 그래서 김구 주석은 미국과 하와이에 있는 우리 동포들에게 편지를 보내 필요한 자금을 모았다.

김구는 동포들의 애국심에 다시 한 번 감격했다.

그는 며칠 동안을 궁리했다.

'임시 정부에서 세상이 깜짝 놀랄 만한 일을 해 보자!'

그러던 어느 날, 우리 동포 한 사람이 김구를 찾아왔다.

"어떻게 오셨소?"

김구가 물었다.

이봉창 의사(왼쪽)와 이봉창 의사의 한인애국단 입단 선서문(오른쪽)

"전 이봉창이라고 합니다."

"이봉창?"

"네. 저는 지금까지 일본에서 노동을 하며 지낸 사람입니다. 이제부터라도 우리나라의 독립을 위해서 일하고 싶어 이렇게 찾아왔습니다."

"잘 오셨소."

"저 같은 노동자도 독립운동을 할 수 있습니까?"

"우리나라 사람이면 누구나 독립운동을 할 수 있고 또 해야 하지요."

김구는 이봉창을 여관에 묵게 하고는 다음 날 찾아갔다.

"아니, 주석님께서 몸소 어인 일이십니까?"

이봉창이 몸둘 바를 몰라 하며 인사를 했다.

"지나가다가 한번 들렀어요."

"그러잖아도 주석님께 긴히 말씀드리고 싶은 게 있습니다."

"무슨 말이지요?"

"우리나라를 위해 보람 있는 일을 하고 싶습니다."

"어떤 일을 하고 싶나요?"

"목숨을 걸고 독립운동을 하고 싶습니다."

김구는 젊은이의 기개가 대견스러웠다.

"일본 천황의 목이라도 베어 오겠소?"

"네, 시켜만 주시면 무슨 일이든지 하겠습니다."

"앞으로 1년 안에 이 동지가 해야 할 일을 준비해 두겠소."

"1년이라고요? 왜 저를 믿지 못해서…… 기다리라고 하시는 겁니까?"

"아니오. 요즘 우리 임시 정부의 살림이 어려워서 경비를 댈 수가 없어서 그래요."

"걱정 마십시오. 전 일본말을 좀 하니까 어디 가서라도

경비는 벌 수 있습니다."

이리하여 이봉창은 일본인들이 많이 사는 홍커우로 가서 일자리를 구했다. 그리고 김구 주석과는 한 달에 몇 번씩 만났다. 1931년 12월 11일, 김구는 이봉창을 불렀다.

"부르셨습니까? 선생님……."

"자, 이제 모든 준비가 다 끝났소. 이 동지는 일본으로 떠날 준비를 하시오."

그리고 김구는 이봉창에게 두 개의 폭탄을 건네주었다.

하나는 일본 천황에게 던질 것이고, 또 하나는 이봉창의 자결용이었다.

"이 동지, 성공을 빌겠소!"

김구는 굳게 악수를 하며 성공을 빌었다. 이봉창은 일본으로 건너갔다. 그러고 나서 그는 일본에서 김구 주석에게 다음과 같은 전보를 쳤다.

…… 부탁하신 물건은 1월 8일에 어김없이 처분하도록 하겠습니다.

1월 8일에는 가지고 온 폭탄으로 일본 천황을 암살하겠다는 내용이 숨겨진 전보였다. 그날은 일본의 도쿄에서 만주국 황제인 푸이의 방문을 환영하는 행사가 열리기로 되어 있었다.

시내 곳곳에 일본 경찰과 헌병의 경비가 삼엄했다.

이봉창은 일본 천황이 지나가게 되어 있는 사쿠라다 문 옆에서 기다렸다.

그때 천황을 태운 마차가 나타났다.

이봉창은 폭탄 하나를 마차를 향해 던졌다.

'꽝!'

폭음이 천지를 뒤흔들었다. 천황의 마차가 기우뚱했다.

그러나 안타깝게도 근위병과 말만 부상당했을 뿐 일본 천황은 무사했다. 이봉창은 그 자리에서 태극기를 꺼내어 흔들며 소리 높여 외쳤다.

"대한독립 만세!"

'일본 천황을 죽이지 못하다니 이런 원통할 데가 있나!'

김구는 읽던 신문을 던지며 분을 참지 못했다.

"김 주석, 비록 일본 천황을 죽이지는 못했다고 해도 성공입니다. 이 소식이 온 세계에 퍼져 나가면 우리 민족이 얼마나 독립을 원하는지 전 세계인들이 알게 될 겁니다."

동지들은 김구를 위로했다.

그리고 얼마 후 다시 한 젊은이가 김구를 찾아왔다.

"저는 채소 장사를 하는 윤봉길입니다. 저는 이미 오래전부터 독립운동을 위해 목숨을 바칠 각오가 되어 있습니다."

김구는 윤봉길을 만나 새로운 계획을 세웠다. 그것은 중국 상하이에서 일본의 일왕 생일 행사 때 일본의 간담을 서늘하게 할 거사를 꾸미는 것이었다.

김구는 4월 29일에 쓸 폭탄을 구하도록 지시했다.

드디어 일왕 생일 행사 날, 윤봉길은 사복 한 벌을 사 입었다.

그리고 교포 김해산의 집으로 갔다.

김구는 윤봉길의 마지막 아침밥을 미리 그 집에 부탁해 두었던 것이다.

윤봉길은 식사를 마친 다음, 홍커우 공원으로 떠났다.

윤봉길 의사가 폭탄을 던지기 전의 훙커우 공원 단상

공원은 행사에 참석하는 많은 사람들로 붐볐다.

윤봉길은 연단 앞쪽에 자리를 잡았다.

연단 위에는 일본의 높은 사람들이 거만하게 앉아 있었다.

사회자가 행사의 시작을 알렸다.

그때였다. 윤봉길은 폭탄을 꺼내어 연단을 향해 던졌다. 그리고 대한 독립 만세를 외쳤다.

'꽝' 하는 소리와 함께 연단 위는 난장판이 되었다. 시라카와 대장과 일본인 거류민 단장인 가와바타는 즉사하고 시게미쓰 공사, 노무라 중장 등 10여 명이 중경상을 입었다.

윤봉길은 즉시 일본 헌병에게 체포되어 끌려갔다.

이 사건으로 말미암아 김구는 신변에 위험을 느끼게 되었다. 일본 헌병들은 김구를 체포하기 위해 눈이 새빨개져 있었다. 그래서 김구는 동지들과 함께 미국인 목사 집에 숨었다.

그 무렵, 김구에게는 20만 원의 현상금이 걸려 있었다.
며칠 후 현상금은 60만 원으로 올랐다.

1945년 8월 15일.

마침내 일본은 연합군에게 무조건 항복을 하고 말았다. 그 결과 우리나라는 해방을 맞았다.

그 무렵, 김구는 광복군을 훈련해 일본군과 싸울 계획을 세우고 있었다.

"우리나라를 다시 찾은 건 기쁜 일이지만 광복군이 싸울 기회가 없어진 것이 슬프구나. 우리 자신의 힘으로 나라를 찾지 못했으니 뒷일이 걱정이로다."

불행하게도 김구의 걱정은 들어맞았다. 남과 북이 서로 갈라서게 된 것이다.

그해 11월 23일, 김구는 우국 열사들과 함께 우리나라로 돌아왔다. 김구는 26년 만에 다시 고국 땅을 밟은 것이다.

김구는 서대문에 있는 경교장을 숙소로 정하고 여러 가지 일들을 처리하고 있었다.

그해 12월, 소련의 모스크바에서는 미국, 영국, 소련의 세 나라 외무 장관들이 회의를 하였다. 회의 내용은 앞으로 5년간 미국, 영국, 소련, 중국이 우리나라를 다스리기로 결정한 것이었다. 말하자면 신탁 통치를 하겠다는 것이었다.

김구는 신탁 통치를 반대했다.

그러나 북쪽 공산주의자들은 신탁 통치를 찬성했다. 그래서 같은 민족끼리 피를 흘리며 싸우게 되었다.

1947년 유엔 총회에서는 유엔의 감시 아래 남북한 총선거를 실시하기로 했다. 그러나 소련이 반대하자 할 수 없이 유엔은 남한에서만이라도 선거를 실시하기로 했다.

이 소식을 들은 김구는 펄쩍 뛰었다.

"남쪽만의 선거는 안 된다. 그렇게 되면 우리나라는 영영 두 동강이 나고 말 것이다."

그래서 김구는 평양을 방문하기로 결심했다.

북쪽을 설득해 하나의 나라를 만들어 번영을 이루며 평화롭게 살아가기 위해서였다.

1948년 4월 15일, 김구는 경교장 출입 기자들에게 말했다.

"나는 이북에 가서 김일성과 만나 이야기하겠소. 조상이 같고 피부가 같고 말이 같은 우리 민족끼리 서로 만나서 같은 민족정신을 가지고 그들과 이야기하려고 합니다. 내가 이북에 가서 살아 돌아오지 못한다고 해도 나는 우리나라의 통일과 독립을 위해서 그곳으로 가지 않을 수 없습니다."

김구는 4월 19일 평양을 향해 집을 떠나기로 했다.

"선생님, 반대의 목소리가 높은데도 꼭 가셔야겠습니까?"

"선생님, 이북에 가시면 영영 못 돌아올 수도 있습니다."

"선생님! 안 됩니다."

경교장으로 몰려온 시민들은 김구 선생 앞을 가로막았다. 그러나 김구는 시민들에게 이렇게 말했다.

"여러분! 38선이 이대로 굳어지면 우리 민족의 앞날은 더욱 캄캄해집니다. 내가 이북에 가는 것은 우리 민족의 화합을 위해 필요한 일입니다. 그러니 제발 내가 가는 길을 막지 말아 주십시오."

그러나 시민들은 한사코 말렸다.

그래서 김구는 몰래 경교장을 빠져나올 수밖에 없었다.

김구는 그 길로 38선을 넘어 평양에 갔다. 그리고 김일성을 만났다.

"어쩐 일이시오. 김구 선생!"

김구가 평양에 찾아온 것을 못마땅하게 생각하고 있던 김일성은 불친절하게 대했다. 김일성은 북쪽 땅에 공산주의 국가를 세울 꿈을 갖고 있었다.

"중대한 나랏일을 의논하려고 찾아온 사람에게 왜 이렇게 불친절한가?"

김구는 호통을 쳤다. 그러자 김일성은 유들유들한 얼굴로 대답했다.

"죄송합니다. 앞으로는 불친절한 일이 없게 하겠습니다."

"그럼 한 마디로 묻겠는데, 그대는 남북 통일을 원하는가 원하지 않는가?"

김일성은 엷은 웃음을 지으며 대답했다.

"우리나라 사람이면 다 통일을 원하지 않습니까?"

"그렇다면 우리는 남북이 하나가 되는 통일 정부를 세워야 하지 않겠는가? 소련이나 미국의 간섭을 받지 않는 통일 정부 수립을 그대도 찬성하고 있겠지?"

김구는 날카롭게 따졌다. 그러나 김일성은 우물쭈물했다.

"왜 대답을 못 하는가?"

김구는 괴로웠다. 김일성이 벌써 소련의 앞잡이가 된 것이 틀림없다고 생각했기 때문이다.

남북 협상에 참석했던 김구 일행은 아무런 해답도 얻지 못한 채 힘없이 서울로 돌아왔다. 남북 통일 정부 수립은 실패로 끝나고 만 것이다.

그 후로 김구는 경교장 안의 서재에서 독서에만 몰두하며 지내고 있었다.

1949년 6월 26일 일요일.

김구는 주일 예배를 보러 나갈 예정이었다. 그런데 마침 자동차가 밖에 나가고 없어서 외출하지 못했다. 그래서 책을 읽고 있던 중이었다.

그런데 그전에도 몇 번 만났던 안두희가 찾아왔다.

"선생님. 포병 장교 안두희 소위가 선생님을 뵙자고 하는데 어떻게 할까요?"

비서는 2층 서재로 올라와 김구의 의견을 물었다.

"안 소위? 그 사람을 전에도 몇 번 만났었지. 그래, 들어오라고 해요."

비서는 안두희를 2층으로 안내했다.

그때 김구는 읽던 책을 덮고 탁자에 앉아 붓글씨를 쓰고 있었다.

비서가 안두희를 안내해 주고 2층 계단을 거의 다 내려왔을 때였다.

2층 서재 쪽에서 '탕'하는 총소리가 들렸다.

비서는 재빨리 계단을 뛰어 올라갔다. 그리고 서재에서 나오는 안두희와 마주쳤다.

"도대체 무슨 일이오?"

"내가 백범 선생을 쏘았소."

"뭣이라고?"

비서는 황급히 서재로 달려갔다. 김구는 온몸이 피투성이가 되어 의자에 비스듬히 쓰러져 있었다.

"앗! 선생님!"

비서는 병원에 연락해 의사를 불렀다. 그러나 김구를 진찰한 의사는 힘없이 얼굴을 옆으로 저었다.

그때가 12시 45분이었다.

김구는 안두희가 쏜 총알 네 발을 맞고 눈을 감고 말았던 것이다.

결국 남북통일의 꿈은 이루지 못하고…….

김구의 나이는 일흔네 살이었다.

이 소식이 전해지자 수많은 시민들이 경교장으로 몰려들었다. 경교장 일대는 울음바다가 되었다.

김구는 비록 흉탄에 쓰러졌지만, 그가 평생을 바쳐 조국의 독립과 통일을 위해 일한 업적은 영원히 빛날 것이다.

백범 김구의 생애

 황해도 해주에서 태어난 백범 김구는 우리 독립 운동사에서 그 이름만으로도 너무나 크고 위대하다. 그는 3·1 운동 후 상하이로 망명해 임시 정부를 이끌었고, 해방 뒤에는 남과 북의 통일을 위해 열성을 다바쳤다. 1949년 안두희의 총에 맞아 숨지기까지 그는 조국의 광복과 통일을 위해 일한 진정한 민족의 지도자였다.

백범 김구
(白凡 金九 1876~1949)

1876년
황해도 해주의 백운동 텃골에서 태어났다.

1890년
학골의 정문재에게서 글을 배웠다.

1893년
동학에 입교하여 접주가 되었다. 이듬해 해주에서 동학군을 지휘하여 동학 농민 운동에 참여하다 일본군에게 쫓겨 만주로 피신했다. 그 뒤 귀국하는 길에 치하포에서 명성 황후의 원수를 갚고자 일본군 중위를 죽이고 체포되었다.

1897년
고종의 특사령으로 사형을 면하였지만 감옥살이를 계속하게 되자 탈옥하여 공주 마곡사에 피신하였다. 아버지가 위독하여 이듬해 세상으로 나와 1903년 장연으로 이사를 갔다. 공립 학교 교원이 되고 1904년에 최준례와 결혼하였다.

1905년
을사늑약이 체결되자, 여러 곳을 돌며 강습회를 열어 민중들을 일깨우는 데 힘을 기울였다. 그러다 안중근이 이토 히로부미를 암살하자 이와 관련이 있다는 혐의로 체포되었다가 풀려났으나, 다시 105인 사건에 연루되어 17년형을 선고받았다.

1914년
감옥 생활 중 감형되어 풀려났으며 3·1 운동이 일어나자 상하이로 망명, 대한 민국 임시 정부의 경무 국장이 되었다.

1927년
대한 민국 임시 정부의 국무령이 되어 한인 애국단을 조직하고 이봉창, 윤봉길 등 애국 투사에게 일본인 암살을 지시했다. 이로 인해 세계에 우리나라의 독립 의지를 알리게 되었다.

1945년
조국 해방 전에는 광복군을 편성하여 동남아 등지에서 대일 항전을 펼쳤는데, 1945년 8·15 해방으로 국내 항일 전선을 만들지 못한 채 귀국한다. 그러나 미군정이 펼쳐진 상황에서 임시 정부가 정통성을 인정받지 못하자 한국 독립당 위원장으로 활동하게 된다. 그 후 유엔이 정한 남한만의 단독 선거를 막기 위해 북한의 김일성과 만나는 등 남북한 통일 정부 수립을 위해 노력하였으나 결국 실패했다.

1949년
남한만의 단독 정부가 세워진 가운데 정부에 소속되지 않은 채 중간파의 거두로 있던 중 1949년 6월 26일 경교장에서 육군 포병 소위 안두희가 쏜 총탄에 맞아 숨을 거두었다.